für
Silvia und Michael

Franz Brandl

LIKÖRE
DER WELT

SÜDWEST

INHALT

Vorwort

»Wer Sorgen hat, hat auch Likör.« Dieser Spruch aus der »Frommen Helene« von Wilhelm Busch hat nichts von seiner Gültigkeit verloren, heute jedoch werden Liköre zu jeder Gelegenheit getrunken. Liköre sind »in« – und in ihrer Gesamtheit die führende Spirituosengattung. Der Ursprung der Liköre lag in Europa. Hier wurde die Destillation perfektioniert, und Mönche, Alchimisten und Apotheker schufen im Mittelalter auf der Suche nach Heilmitteln die ersten Elixiere.

Das gemäßigte Klima erlaubte den Anbau vieler Obstsorten, und Handelsschiffe brachten Gewürze aus den neu entdeckten Ländern.

Einhergehend mit einer ständig verbesserten Technik begann vor rund 200 Jahren die neuzeitliche Likörgeschichte. Die wichtigsten Impulse waren dabei die Glasflasche, das Transportwesen und die Entdeckung des Rübenzuckers, der den teuren Rohrzucker ersetzte.

Auch die Spirituosen wie Whisky, Weinbrand, Gin oder Genever legten an Volumen zu und fanden eine immer größere Verbreitung. Doch die Spirituosen waren auf ihre Eigenart festgelegt, während die Liköre in jeder nur erdenklichen Geschmacksrichtung hergestellt werden konnten. Ihre Farben, ihr Aroma und vor allem die Süße sind die wichtigsten Komponenten des Erfolgs. Heute bietet das weite Spektrum der Liköre alles, was den Gaumen reizen kann.

Ob ein Bitterlikör zur Verdauung, ein Kräuterlikör als Digestif, ein Sahnelikör zum Kaffee oder ein fruchtiger Likör in einem Mixgetränk, in irgendeiner Form ist der Likör immer präsent. Die breite Palette der Liköre verwöhnt jeden Geschmack, und ohne ihre Farben und ihre Vielfältigkeit wäre manche feine Bar nur eine Trinkstube ohne Pfiff.

Zeichenerklärung
Die folgenden Piktogramme geben Auskunft über Serviervorschläge und sind bei den einzelnen Likörporträts unter der Rubrik »Empfehlungen« zu finden.

① Pur, gekühlt oder ungekühlt im jeweiligen Glas
② Pur, mit Eiswürfeln
③ Als Longdrink
④ Mit Sekt, Prosecco oder Champagner
⑤ Zum Mixen
⑥ Zu oder in Heißgetränken
⑦ Zu oder in Desserts und Süßspeisen

Unter der Rubrik »Wissenswertes« bezieht sich die Preisangabe immer auf 0,7 Liter, sofern nicht anders ausgewiesen.

Die Geschichte der Liköre

Als Vorgänger der heute bekannten Liköre gelten die aromatisierten Weine der alten Römer, der Griechen und der Völker des Vorderen Orients. Von diesen aromatisierten Weinen der Antike führt eine beinahe direkte Linie zu den Vermouths und Aperitifs von heute.

Die ersten Getränke, die man im weitesten Sinne als Liköre bezeichnen konnte, gehen ungefähr auf das Jahr 1000 zurück. Nach Berichten verschiedener Quellen sollen die ersten Liköre von Brüdern des Ordens San Romualdo präpariert worden sein. Sie stellten auf der Basis von »Acquavite« (durch Destillation gewonnener Alkohol) und dem süßen Saft der Pflaumen eine Mixtur her und versuchten, mit dieser die Malaria zu bekämpfen.

Andere Quellen überliefern wiederum, dass Michele Savonarola, der bekannte Arzt aus Padua, einen »Acquavite« aus Honig und Rosenöl bereitet habe. Mit seiner Mischung hatte Savonarola den berühmten »Rosolio« geschaffen, von dem sich praktisch alle modernen Liköre herleiten lassen.

Die eigentliche Geburtsstunde des Likörs hatte allerdings erst Anfang des 14. Jahrhunderts geschlagen. In der Stille ihrer Klöster forschten die Mönche nach neuer Medizin. Sie verbesserten die Destilliergeräte und fügten dem Alkohol Kräuter, Gewürze, Samen und Früchte hinzu. So entstanden verschiedenste Elixiere nach streng gehüteten Geheimrezepten, die schon damals nicht nur ausschließlich zum medizinischen Gebrauch bestimmt waren. Mancher Mönch mag sich seinen Likör auch

Mittelalterliche Heilkunst: Das Fenster zeigt Mönche beim Brauen medizinischer Elixiere, den Vorläufern der heutigen Liköre.

aus anderen Gründen zu Gemüte geführt haben.

Während bereits im Mittelalter die Likörherstellung in Italien zu einer großen Blüte geführt wurde, kannten andere Länder in Europa diese Spezialitäten kaum. Als im Jahre 1532 Katharina von Medici nach Paris ging, um König Heinrich II. zu heiraten, waren in ihrem Gefolge die berühmtesten Konditoren und Likörspezialisten aus Florenz, die den französischen Hof mit den Geheimnissen der florentinischen Küche und den speziellen italienischen Likören vertraut machten. Die darauf folgende Entwicklung führte dazu, dass Frankreich bis heute die führende Likörnation ist.

Der Durchbruch zum Genussmittel erfolgte nach der Entdeckung Ameri-

Technische Verbesserungen des Destillationsverfahrens ermöglichten eine ständige Verfeinerung der Liköre.

kas. Denn erst durch den Rohrzucker von den Antillen konnte ein Getränk hergestellt werden, das hauptsächlich den Gaumen ansprach. Die Liköre waren im 16. und 17. Jahrhundert zunächst ein »Getränk der Könige« auch deshalb, weil ihre Herstellung durch die Verwendung der von weit her eingeführten exotischen Früchte und Gewürze sehr kostspielig war.

Den Königen folgten die Edelleute und diejenigen, die es sich leisten konnten. Die moderne Likörindustrie erhielt ihre wichtigen Anstöße um das Jahr 1700, nachdem man neue Erkenntnisse über die Fermentation und die verschiedenen Phasen der Destillation gewonnen hatte. Wichtigster Entwicklungsschritt für die Likörproduktion war die Perfektionierung der Zuckerherstellung.

Immer mehr Essenzen wurden entdeckt, und die Destillation wurde im 18. und 19. Jahrhundert ständig verfeinert. Der zunehmende Welthandel, die Verbreitung der Glasflasche und der Ausbau der Verkehrswege begünstigte den Werdegang der Liköre. Im 20. Jahrhundert waren die meisten der großen Marken schon bekannt, und neue Produkte entstanden vielfach nur aus Konkurrenzgründen. Schlagartig in Bewegung geriet der Likörmarkt ab den siebziger Jahren durch die Entwicklung neuartiger Liköre und die Renaissance der Mixgetränke. Im Spirituosenmarkt von heute liegen die Liköre vor den Weinbränden, dem Korn und anderen klaren Spirituosen an erster Stelle. Und ganz gleich, ob Frucht-, Kräuter-, Bitter- oder Emulsionslikör: Diese Variante geistiger Getränke erfreut sich überall auf der Welt nach wie vor größter Beliebtheit.

Der Likörmarkt

In Deutschland wurden 1998 rund 725 Millionen Flaschen Spirituosen à 0,7 Liter getrunken. Dies entspricht einem Pro-Kopf-Verbrauch von rund neun Flaschen. Davon wurden 575 Millionen im Inland produziert, 101 Millionen exportiert und 251 Millionen Flaschen eingeführt.

Den größten Anteil daran hatten die Liköre mit 28 Prozent. Diesen folgen Weinbrand, Brandy, Cognac etc. mit 21,4 Prozent und Korn und andere klare Spirituosen mit 17,6 Prozent. Somit entfallen auf die Liköre als größte Gruppe 203 Millionen Flaschen.

Daran labt sich auch der Staat, dem 1998 der Gesamtspirituosenverbrauch ungefähr 4,425 Milliarden DM Branntweinsteuer einbrachte.

Die angegebenen Zahlen wurden für das Jahr 1998 errechnet. Für das Jahr 1999 werden ähliche Zahlen erwartet. Diese lagen zum Zeitpunkt der Drucklegung dieses Buches jedoch noch nicht vor.

Die großen Likörmarken und Hersteller
Stand: 1998

Rang	Marke	Sorte	Hersteller-land	0,7-Liter-Flaschen in Mio.
1.	De Kuyper	Gesamtsortiment	NL	55
2.	Baileys	Irish Cream Liqueur	IRL	54
3.	Kahlúa	Licor de Café	MEX	37
4.	Jägermeister	Kräuterlikör	D	32
5.	Southern Comfort	Likörspezialität	USA	28
6.	Malibu	Coconut Rum Liqueur	GB	23
7.	Disaronno	Amaretto	I	20
8.	Bols	Gesamtsortiment	NL	18
9.	Grand Marnier	Orangenlikör	F	17
10.	Cointreau	Orangenlikör	F	16
11.	Hiram Walker Cordials	Gesamtsortiment	USA	15
12.	Marie Brizard	Gesamtsortiment	F	14

Quelle: Europäischer Dachverband der Hersteller von Spirituosen (CEPS); Bundesministerium für Finanzen; BSI Bundesverband der Deutschen-Spirituosen-Industrie und -Importeure e.V.; Impact International / New York – Top 100 »Premium« Distilled Spirits Brands Worldwide

Mit Bildern, die Lebenslust, Unbeschwertheit und Glück illustrieren, werben Likörhersteller für ihre Produkte und vermitteln so deren einzigartigen Genuss.

Steuersätze für Spirituosen in den EU-Ländern für eine 0,7-Liter-Flasche

Angaben in DM Land	15 % vol	32 % vol	38 % vol
Schweden	11,66	24,88	29,55
Finnland	10,36	22,10	26,25
Dänemark	7,59	16,21	19,25
Großbritannien	6,17	13,18	15,65
Irland	5,67	12,10	14,37
Belgien	3,40	7,27	8,63
Niederlande	3,09	6,59	7,83
Frankreich	2,98	6,35	7,54
BR Deutschland	2,67	5,71	6,78
Luxemburg	2,14	4,56	5,42
Griechenland	1,97	4,20	4,98
Portugal	1,67	3,57	4,23
Österreich	1,49	3,18	3,78
Spanien	1,41	3,00	3,56
Italien	1,33	2,83	3,36

Stand: Juni 1999
Quellen: Europäischer Dachverband der Hersteller und Spirituosen (CEPS); Bundesministerium der Finanzen, Umrechnungen des BSI

Fachbegriffe

Alkohol: Durch Destillieren (Brennen) wird aus Alkohol enthaltenden Flüssigkeiten eine alkoholreichere Flüssigkeit, der Branntwein, gewonnen. Die Bezeichnung Alkohol steht in der Umgangssprache für Äthylalkohol (Neutralalkohol). Dieser muss als wertbestimmender Anteil von Spirituosen aus landwirtschaftlichen Rohstoffen durch Gärung hergestellt und durch Brennverfahren gewonnen sein. Dieser zur Herstellung von Spirituosen geeignete Alkohol hat einen Mindestalkoholgehalt von 96 % vol und weist keinen Fremdgeschmack auf. Je nach Reinheitsgrad unterscheidet man Primasprit, extra fein filtrierten Alkohol und entwässerten Alkohol. Die erstgenannten enthalten mindestens 96 % vol, sind aber durch Filtration und nochmalige Destillation sehr weich und rein. Entwässerter Alkohol enthält mindestens 99,8 % vol. Der für die Likörbereitung verwendete Alkohol wird von den Produzenten entweder selbst hergestellt, oder bei der Bundesmonopolverwaltung gekauft.

Alkoholgehalt: Der Mindestalkoholgehalt beträgt für Liköre 15 % vol (Eierlikör 14 % vol). Für manche Arten ist jedoch ein höherer Alkoholgehalt vorgeschrieben.

Aromastoffe: Künstliche Aromastoffe sind nicht zulässig. Es dürfen nur natürliche und naturidentische Aromastoffe verwendet werden.

Destillation: Ist das Erhitzen von Alkohol-Wasser-Gemischen mit Pflanzenteilen (auch mit Mazeraten, Digeraten oder Perkolaten). Ergibt besonders feine und reintönige Rohspirituosen.

Digestion: Ist eine Mazeration mittels warmer Flüssigkeit. Es geht schneller, wirkt intensiver und kann weitere erwünschte Stoffe herausholen (ähnlich wie Ziehenlassen des Tees).

Färbung: Generell sind Farbstoffe bei der Likörbereitung erlaubt. Sie unterliegen jedoch vielen Einschränkungen. Vielfach verwendet wird das geschmacksneutrale Zuckerkulör. Damit erreicht man durch geringe Mengen Färbungen von Gelb bis Schwarz. Während bei Fruchtsaftlikören und Fruchtbrandys eine Färbung nicht erlaubt ist, sind bei Fruchtaromalikören (z. B. Curaçao) künstliche Farbstoffe zugelassen. Jede Art von Färbung muss auf dem Etikett angegeben werden.

Karamell: Karamell wird durch Erhitzen von Zucker gewonnen. Im Gegensatz zum Zuckerkulör dürfen bei Karamell keine den Bräunungsgang fördernde Zusätze beigegeben werden. Karamell ist als Süßungsmittel erlaubt.

Durch das Brennen vergorener Flüssigkeiten landwirtschaftlicher Produkte wird Branntwein erzeugt. Dieses Verfahren, die so genannte Destillation, dient zur Herstellung von hochprozentigem Alkohol.

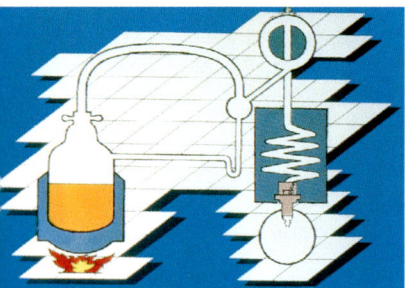

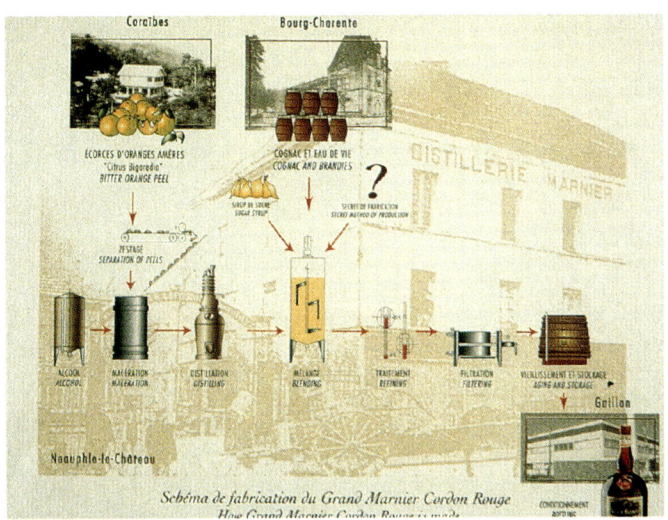

Schéma de fabrication du Grand Marnier Cordon Rouge
How Grand Marnier Cordon Rouge is made

Die schematische Darstellung zeigt anschaulich den Weg der Herstellung bis zur Abfüllung in die Flasche, die in den Handel gelangt.

Likör: Seit 1989 gelten innerhalb der EU einheitliche Richtlinien. So ist eine Spirituose der Gattung Likör zuzuordnen, wenn sie einen Zuckergehalt, berechnet als Invertzucker (entspricht fast der Süßung durch Rohrzucker) von mindestens 100 Gramm pro Liter Fertigerzeugnis aufweist. Ausnahmen bestehen nur für Enzianlikör (80g/l), der ausschließlich aus Kirschbrand stammt. Der verwendete Alkohol kann Neutralalkohol, Sortenalkohol (Obstbrand, Rum, Cognac) oder eine Spirituose (Gin, Genever) sein. Der Mindestalkoholgehalt beträgt im Allgemeinen 15 % vol, bei Eierlikör 14 % vol.

Mazeration: Ist das Ausziehen (Auslagen) von getrockneten Pflanzenteilen mit Alkohol oder Alkohol-Wasser-Gemischen (kalt und über einen längeren Zeitraum).

Perkolation: Ist das Ausziehen im Durchlaufverfahren (ähnlich wie beim Kaffeefiltern).

Rektifizieren: Nennt man das mehrfach aufeinander folgende Destillieren ohne dazwischen liegendes Auffangen des Destillats.

Zucker: Zucker wird in verschiedenen Aufbereitungen bei der Likörherstellung eingesetzt. Meist werden Lösungen von Weißzucker oder Raffinade verwendet. Diese enthalten 65 Kilogramm Zucker in 100 Kilogramm oder in invertierten Lösungen 100 Kilogramm in 100 Liter.

Zuckerkulör: Zuckerkulör erhält man durch Erhitzen von Zucker mit bestimmten Zusatzstoffen. Diese bewirken eine intensive Farbausbildung. Mit Zuckerkulör gefärbte Liköre (Spirituosen) müssen mit der Angabe »mit Farbstoff« gekennzeichnet sein. Zuckerkulör ist geschmacksneutral und färbt intensiv.

Liköre der Welt

Anisados: Spanische Anisliköre. Sie werden süß (dulce) und trocken (seco) angeboten.

Aurum: Goldfarbener, sehr herber Likör aus den Abruzzen (Italien). Seine Basis sind Brandy und Orangen.

Bardinet: Großer Likörproduzent in Bordeaux. Auch bekannt durch seinen Martinique Rum Negrita.

Bärenfang: Honiglikör mit mindestens 25 Kilogramm Bienenhonig auf 100 Liter Fertigerzeugnis.

Berentzen: Die 1758 gegründete Kornbrennerei Berentzen in Haselünne im westlichen Niedersachsen ist eines der größten Spirituosenunternehmen Deutschlands. Außer Korn wird eine große Zahl von Spirituosen und Likören hergestellt.

Bessen Genever: Niederländische Spezialität. Mit Johannisbeersaft versetzter Genever mit einem Alkoholgehalt um 20 % vol.

Calisay: Katalanischer Kräuterlikör mit großem Chinarinde- und Bitterorangenanteil.

Campari Cordial: Wasserheller Kräuterlikör von Campari.

Cordial Medoc: Französischer Weinbrandlikör, dessen Alkoholgehalt zu mindestens 20 Prozent aus Weindestillat stammt. Kann – aber muss nicht – Wein enthalten, ferner Fruchtextrakte und Kräuterauszüge. Ein Charakteristikum ist das durch Iriswurzel bedingte Veilchenaroma.

Cuarenta y Tres (Licor 43): Der goldgelbe spanische Likör (31 % vol) wird in Cartagena nach einem geheimen Rezept aus 43 Zutaten hergestellt.

Cusenier: Einer der großen Likör- und Spirituosenproduzenten Frankreichs. Tochterunternehmen und Lizenzhersteller arbeiten in europäischen Ländern und in Übersee.

Eckes Edelkirsch: Das größte deutsche Spirituosenunternehmen ist u. a. Hersteller von Eckes Edelkirsch, der größten Fruchtsaftlikörmarke Deutschlands.

Glen Mist: Schottischer Whiskylikör.

Guignolet: Französische Likörspezialität aus Kirschen. Guignolet wird von mehreren Firmen hergestellt. Seine Basis sind Kirschen, die in Alkohol mazeriert werden.

Izarra: Ein baskischer Kräuterlikör auf Armagnacbasis. Er wird seit 1835 in Bayonne hergestellt. Izarra (=Stern) gibt es in Grün (48 % vol) und Gelb (40 % vol).

Kroatzbeere: Brombeerlikör. Kroatzbeere heißt die Brombeere in schlesischer Mundart. Die Bezeichnung »Echte« ist für den größten Hersteller, die Firma Moritz Thienelt, geschützt. Thienelt produzierte ab 1907 in Schlesien und seit 1949 in der Nähe von Düsseldorf.

Limonce: Italienischer Zitronenlikör von Stock/Triest mit 30 % vol.

Mesimarja: Aus arktischen Brombeeren wird unter Zusatz von Honig in Finnland dieser rote Likör hergestellt.

Nicht nur Kräuter, Gewürze oder Fruchtsorten bringen edle Liköre hervor, sondern häufig führt die Komposition verschiedener Bestandteile zu außergewöhnlichem Geschmack.

Ponche: Likör aus Jerez. Ponche (Punsch) wird von mehreren Firmen hergestellt und von allen in Silberflaschen abgefüllt. Er besteht aus Brandy, Sherry, Orangen, Kräutern und Gewürzen.

Pacharan: Spezialität aus dem spanischen Baskenland. Durch Einmischen von Schlehen (mindestens 250 Gramm pro Liter Alkohol) wird dieser Likör hergestellt. Die bekannteste Marke ist Zoco mit 25 % vol.

Sabra: Schoko-Orangen-Likör aus Israel (30 % vol).

Safari: Goldgelber Exotic Liqueur auf der Basis von Mango, Papaya, Maracuja und Limetten. Wird in den Niederlanden hergestellt (20 % vol).

Sechsämtertropfen: Würziger Halbbitter (33 % vol) der Firma Vetter in Wunsiedel/Oberfranken. Sechsämtertropfen wurde 1895 erstmals hergestellt, seit 1999 gehört die Firma zu Berentzen/Haselünne.

Stock: 1884 in Triest gegründetes Spirituosenunternehmen. Seit 1995 im Besitz von Eckes. Bekannte Marken: Grappa Julia, Brandy Stock, Fernet Stock, Stock Vermouth und neu der Zitronenlikör Lomoncé.

Stonsdorfer, Echt: Fruchtsaft-Kräuterlikör auf der Basis von Heidelbeersaft. Wurde bereits 1810 in Stonsdorf/Riesengebirge hergestellt. Seit 1957 wird in Norderstedt bei Hamburg produziert. 1999 wurde die Firma von Berentzen/Haselünne übernommen.

Verveine du Velay: Französischer Kräuterlikör aus Eisenkraut (Verveine) und 30 weiteren Kräutern. Er wurde 1859 erstmals hergestellt. Es gibt ihn in Grün (55 % vol) und Gelb (43 % vol).

Fruchtlikör
die vielfältige Welt der Früchte

Fruchtliköre stellen die größte Gruppe unter den Likören, und ihre Vielfalt ist fast unüberschaubar. Ob Maracujas aus den Tropen, Lychees aus China oder Melonen aus Mexiko – jede noch so exotische Frucht wird heute auch zu Likör verarbeitet. Die großen Klassiker unter den Fruchtlikören, die Orangen- und Kirschliköre, der Curaçao, der Cassis und auch die Pfirsichliköre, werden in eigenen Kapiteln vorgestellt.

Der Ursprung
Zur Likörbereitung braucht man Alkohol, und so datiert die Herstellung der ersten Liköre in der Zeit, in der sich das Wissen um die Destillation verbreitete. Um 1500 wurde das Wein- und Kornbrennen bekannt und damit die Likörbereitung ermöglicht. Apotheker und Heilkundige waren auf der Suche nach Heilmitteln und nutzten den Alkohol zur Herstellung gesundheitsfördernder Getränke. So war auch der erste Likör von Lucas Bols, dem ersten industriellen Produzenten, im Jahre 1575 ein Kümmellikör. Der Durchbruch zum Genussmittel erfolgte nach der Entdeckung Amerikas. Erst die Verfügbarkeit des Zuckers von den Antillen erlaubte die Herstellung von Likören, die hauptsächlich zum Genuss bestimmt waren. In den folgenden Jahrhunderten entstanden durch aus aller Welt eingeführte exotische Früchte und Gewürze viele neue Likörsorten, und zu Beginn des 19. Jahrhunderts begann in ganz Europa die Likörbereitung im großen Umfang.

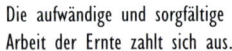

Die aufwändige und sorgfältige Arbeit der Ernte zahlt sich aus.

Die Herstellung
Fruchtliköre bestehen aus Alkohol, Zucker, Wasser und Früchten in Form von Saft, Extrakten oder Aromastoffen. Man unterscheidet dabei zwischen Fruchtsaftlikören, Fruchtaromalikören und Fruchtbrandys. Fruchtsaftliköre enthalten den Saft derjenigen Frucht, nach der die Liköre benannt sind, als wesentlichen geschmacksbestimmenden Anteil. Der Gehalt an Fruchtsaft der namensgebenden Frucht muss mindestens 20 Liter auf 100 Liter Fertigware betragen. Zusätze weiterer Fruchtsäfte und natürlicher Aromastoffe sind erlaubt, eine Färbung mit Farbstoff ist unzulässig.
Fruchtaromaliköre erhalten ihren Geschmack aus den Früchten, nach denen sie benannt sind. Die Verwendung künstlicher Aromastoffe ist

Für die beliebten Fruchtliköre kommen heimische Obstsorten ebenso infrage wie exotische. Nur reife Früchte werden verwendet, die dem Likör das Aroma geben.

unzulässig. Sie dürfen nicht nach den folgenden Früchten bezeichnet werden: Ananas, Brombeeren, Erdbeeren, Kirschen, Johannisbeeren, Heidelbeeren und Himbeeren. Dieses Verbot gilt nicht bei wasserklaren Likören wie dem Maraschino. Die Färbung mit künstlichen Farbstoffen ist unzulässig.

Fruchtbrandys sind Fruchtliköre, die einen geschmacksbestimmenden Anteil an Obstbrand enthalten (mindestens fünf Liter Obstbrand mit 40 % vol je 100 Liter Fertigerzeugnis), der aus der namensgebenden Frucht gewonnen sein muss. Da die Bezeichnung Brandy ansonsten den Weindestillaten vorbehalten ist, wurde für Prune-, Orangen-, Apricot- und Cherrybrandy eine Ausnahmeregelung getroffen. Fruchtbrandys sind durch die Zugabe von Obstbrand eine besondere Art der Fruchtliköre. Auch bei ihnen ist die Verwendung von Farbstoffen unzulässig.

Ein Obstbrand reift oft nach der Destillation bis zur Verwendung drei Jahre in solchen Steingutbehältern.

Die Verwendung

Alle Arten von Fruchtlikören trinkt man je nach Sorte und persönlichem Geschmack ungekühlt, leicht oder stark gekühlt pur im Likörglas. Sie eignen sich als Digestif und zum Genuss in Verbindung mit Kaffee oder einem Erfrischungsgetränk. Alle eignen sich zum Mixen und zum Mischen mit Fruchtsäften oder auch Sekt.

Williams Birne
Etter

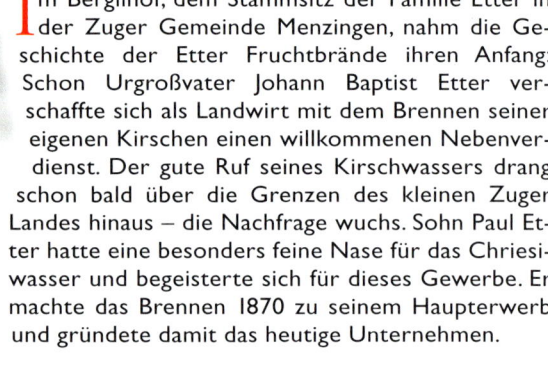

Im Berglihof, dem Stammsitz der Familie Etter in der Zuger Gemeinde Menzingen, nahm die Geschichte der Etter Fruchtbrände ihren Anfang: Schon Urgroßvater Johann Baptist Etter verschaffte sich als Landwirt mit dem Brennen seiner eigenen Kirschen einen willkommenen Nebenverdienst. Der gute Ruf seines Kirschwassers drang schon bald über die Grenzen des kleinen Zuger Landes hinaus – die Nachfrage wuchs. Sohn Paul Etter hatte eine besonders feine Nase für das Chriesiwasser und begeisterte sich für dieses Gewerbe. Er machte das Brennen 1870 zu seinem Haupterwerb und gründete damit das heutige Unternehmen.

Die Marke
50 Jahre war Paul Etter im Geschäft, bis er den Betrieb schließlich im Jahre 1920 an seine beiden Söhne übergab. Diese errichteten drei Jahre später nahe des Zuger Bahnhofs eine neue große Brennerei. 1981 war ein weiteres wichtiges Jahr für das Unternehmen Etter. Zuerst erfolgte der mit der Zeit notwendig gewordene Umzug in einen größeren, modernst eingerichteten Betrieb an der Stadtgrenze von Zug, dann beschloss man die Erweiterung des Sortiments mit diversen anderen Fruchtdestillaten. Mit den Fruchtbrandlikören wurde 1997 die ohnehin schon recht große Angebotspalette nochmals erweitert. Diese »etwas anderen« Etter-Fruchtbrandliköre werden nach einem hauseigenen Rezept aus Etter-Destillaten und verdicktem Fruchtsaft erzeugt. Sie sind als Williams Birne, Kirsche und Pflaume erhältlich.

Weitere Produkte
Neben dem klassischen Kirsch werden weitere neun Obstbrände hergestellt. Diese gibt es außer in den klassischen Etter-Originalflaschen seit 1982 auch in speziell entwickelten mundgeblasenen Glasfruchtkaraffen.
Des Weiteren werden die Reihen Vision, L'Art-de-Vie, Millennium und Black Beauty sowie eine Fruchtbaumflasche angeboten.

The Lovely Mix

**2 cl Fruchtbrand –
Likör Williams
2 cl Williams – Brand**
Likör und Brand in ein
Digestifglas oder einen
Tumbler mit Eiswürfeln
geben.

Der blühende Birnbaum in der reizvollen Landschaft bei Zug verspricht eine gute Ernte zu werden.

Empfehlungen

Etter-Fruchtbrandliköre sind rein natürlich, ausgeprägt fruchtig und mild.
Sie werden wie folgt verwendet:

◆ gekühlt im Likörglas als Digestif
◆ on the rocks
◆ mit trockenem Weißwein oder Sekt/Champagner
◆ zum Mixen aparter Cocktails, für Eisbecher, Fruchtsalate und
  Sorbets

 *Wissenswertes*

Gruppe	Fruchtbrandliköre
Geschmacksrichtung	verhalten süß, fruchtbetont, mild
Zusammensetzung	Obstbrand, Fruchtsaft
Herstellungsort	Zug/Schweiz
Jahresabsatz	nicht bekannt
Inhaber	Distillerie Paul Etter Soehne AG, Zug/Schweiz
Alkoholgehalt	alle 20 % vol
Preisklasse	30–35 DM für 0,5 l

Framboise Liqueur
St. George Spirits

O bwohl erst 1982 von dem Deutschen Jörg Rupf gegründet, ist St. George Spirits der älteste und zugleich führende Hersteller von Edelobstbränden in den Vereinigten Staaten. Er brachte die badische Destillationstradition der Familie sowie heimische Brenngeräte zu den Obstgärten Kaliforniens. Die Brennerei befindet sich in Alameda, unweit von San Francisco. Dort erzeugt Jörg Rupf mit seiner Mannschaft feinste Edelobstbrände und einen außergewöhnlichen Framboise Liqueur.

Die Marke

Nach einer mehrjährigen Suche nach geeigneten Obstsorten konnten im Jahre 1985 die ersten Flaschen in den Verkehr gelangen. Seither finden die Edelobstbrände von St. George Spirits zunehmend die Anerkennung der Presse und auch der Konsumenten. Im Sommer 1989 wagte Jörg Rupf den Sprung nach Deutschland, um seine Produkte dem kritischen Urteil der heimischen Fachleute auszusetzen. Im Frühjahr 1990 ging dann die erste Lieferung nach Deutschland.

Die Palette der Edelobstbrände reicht von Williams über Framboise und Kirsch bis hin zu einigen Exoten, die in Europa noch nicht auf dem Markt sind: Kiwi-, Quitten-, Brombeere- und Erdbeerbrand. Dazu kommen ein Marc of Zinfandel – aus Amerikas eigener Traubensorte – und ein außergewöhnlicher Framboise Liqueur. Der aromatischste Brand seiner Produktpalette ist der Framboise. Die Früchte stammen aus Washington und Oregon, wo die Temperaturen niedriger sind. Dies hat entscheidenden Einfluss auf das Aroma der langsam reifenden Himbeeren. Aus diesen wird auch der Framboise bereitet. Dieser echte Fruchtsaftlikör besteht aus reinem Himbeersaft, der mit Himbeergeist auf nur 16 % vol gebracht wird. Das Resultat ist ein nicht zu süßer, unglaublich intensiver Himbeerlikör, der sich leicht gekühlt wie ein Süßwein trinken lässt.

Weitere Produkte

Neben dem Framboise Liqueur keine weiteren Liköre, jedoch Edelobstbrände.

Kir Framboise

2 cl Framboise Liqueur
trockener Weißwein
einige Tropfen Grenadine
Den Framboise Liqueur in
ein Weinglas geben und mit
kaltem Weißwein aufgießen.

Nur die reifen Früchte werden gewählt für den edlen
Himbeerlikör aus dem Hause St. George Spirits.

Empfehlungen

St. George Framboise Liqueur zeichnet sich durch seine ausgeprägte
Frucht und den geringen Alkoholgehalt aus.
Er wird wie folgt verwendet:
◆ ungekühlt oder leicht gekühlt im Likörglas als Digestif
◆ on the rocks
◆ als Longdrink mit Eiswürfeln und Fruchtsäften
◆ zum Mixen von Cocktails und Longdrinks

Wissenswertes

Gruppe	Fruchtsaftlikör
Geschmacksrichtung	nicht zu süß, intensiv nach Himbeeren
Zusammensetzung	Himbeersaft, Himbeergeist
Herstellungsort	Alameda bei San Francisco, Kalifornien/USA
Jahresabsatz	nicht bekannt
Inhaber	Jörg Rupf
Alkoholgehalt	16 % vol
Preisklasse	35 – 40 DM

Mirabelle Fruchtbrand-Liqueur
Lantenhammer

Die Destillerie Lantenhammer wurde 1928 von Josef Lantenhammer gegründet. Sie liegt im Herzen der bayerischen Voralpen am malerischen Schliersee. Das Unternehmen wird seit 1988, nun in der dritten Generation, von Destillateurmeister Florian Stetter geführt, und damit begann der unglaubliche Erfolg der Lantenhammer-Brände und -Liköre. Die bis dahin nur in der regionalen Gastronomie vertretene Marke wurde durch ihn innerhalb weniger Jahre bundesweit bekannt. Den Anlass dazu gab die im Jahre 1991 vorgestellte Reihe der Edelbrände, in der exzellente Spitzendestillate angeboten werden.

Die Marke

Im Jahre 1996 wurde das Sortiment des Betriebs mit den Fruchtbrandlikören erweitert. Diese Getränke sind mit das Beste, was auf dem deutschen Likörmarkt angeboten wird, und nur wenige Unternehmen produzieren vergleichbare Qualitäten. Die alkoholische Basis ist auch bei der Herstellung von Fruchtlikören meist Neutralalkohol, bei den Lantenhammer-Fruchtbrandlikören wird jedoch ausschließlich der jeweilige Obstbrand der gleichnamigen Frucht verwendet.

Für den Mirabellen Fruchtbrand-Liqueur werden vollreife Mirabellen aus Lothringen (der berühmten Sorte Mirabelle von Nancy) in der Destillerie Lantenhammer eingemaischt, vergoren und anschließend im Kupferkessel destilliert. Dabei entsteht mit der Zeit ein bukettreicher Mirabellenbrand, der dann etwa drei Jahre lang in Steingutbehältern gelagert wird. Dieser Brand ergibt später, vermischt mit frischem Mirabellensaft, den Likör. Abgefüllt werden alle Lantenhammer-Liköre in so genannte Charismaflaschen, deren edle Aufmachung die Wertigkeit der Liköre noch unterstreicht.

Weitere Produkte

Außer dem Mirabellen Fruchtbrand-Liqueur gibt es Edelkirsche, Williamsbirne, Waldhimbeere und Schlehe. Alle Likörspezialitäten des Unternehmens

werden aus den jeweiligen Bränden oder Geisten und dem Saft
der namensgleichen Frucht hergestellt. Neben den Edelobstbränden und den Likören wird
noch eine weitere Spezialität, der
Halbbitter-Likör   Spezialkräuter
(siehe Seite 74) angeboten.

In der Destillerie Lantenhammer werden Früchte eingemaischt, vergoren, destilliert und gelagert.

Empfehlungen

*Alle Lantenhammer Fruchtbrand-Liqueure sind feinfruchtig, mit intensivem
Duft und verhalten süß.*

Sie werden wie folgt verwendet:

◆ leicht gekühlt zum Kaffee und als Digestif
◆ on the rocks
◆ mit trockenem Weißwein und Sekt/Champagner

Wissenswertes

Gruppe	Fruchtbrand-Liqueure
Geschmacksrichtung	feinfruchtig, dezent süß
Zusammensetzung	Marillenbrand und Marillensaft
Herstellungsort	Schliersee/Bayern
Jahresabsatz	nicht bekannt
Inhaber	Josef Lantenhammer OHG, Inh. Fam. Stetter
Alkoholgehalt	alle Sorten 25 % vol
Preisklasse	30–33 DM für 0,5 l

Abricot
Giffard

Das französische Unternehmen Giffard entstand 1885 durch Emile Giffard, der seine Apotheke in eine Destillerie umwandelte. Anlass dazu war die Entwicklung des Pfefferminzlikörs Menthe Pastille und dessen großer Erfolg (siehe Seite 118). Bis heute ist der Betrieb Giffard in Angers an der Loire ansässig, seit 1972 jedoch in neu errichteten Firmengebäuden in Avrillé-Angers. Seit 1998 werden die Liköre von Giffard auch in Deutschland angeboten, und noch ist nicht endgültig festgelegt, welche der über 100 Produkte zum Export kommen werden.

Die Marke
Giffard bietet über 20 klassische Likörsorten in seiner Reihe Liqueurs de France an. Darunter befinden sich auch relativ seltene Spezialitäten wie Poire (William), Marasquin (Maraschino), Amandes au Cognac (Mandeln mit Cognac), Noisette, Mandarine und Parfait Amour.
Eine weitere Likörreihe des Unternehmens sind die Crème de Fruits, in der die Obstsorten Heidelbeere, Kirsche, Walderdbeere, Himbeere, Williamsbirne, Pfirsich und Johannisbeere mit einem besonders hohen Fruchtanteil verarbeitet werden.

Weitere Produkte
Außer den Likören und dem Menthe Pastille produziert Giffard ein großes Sirupsortiment.
Zudem werden Früchte in Alkohol und Williamsbirnenbrand hergestellt.
Giffard ist auch Produzent von Guignolet. Diese französische Spezialität wird aus in Alkohol mazerierten Sauerkirschen gewonnen. Dazu kommen nur Alkohol und Zucker. Dieser fast schon vergessene ursprüngliche Kirschlikör hat nur einen geringen Alkoholgehalt und wird bevorzugt mit Eiswürfeln als Aperitif getrunken.

Flamingo

3 cl Apricot Brandy
3 cl Gin
2 cl Zitronensaft
1 Barlöffel Grenadine
Alle Zutaten im Shaker
mit Eiswürfeln kräftig
schütteln und in eine
Cocktailschale abgießen.

Von der Sonne verwöhnte Aprikosen sind natürlich ein wichtiger Bestandteil des Aprikosenlikörs von Giffard und geben dem Getränk ein natürliches Aroma.

Empfehlungen

Je nach Vorliebe trinkt man Giffard-Liköre pur oder verwendet sie zum Mixen. Hier entscheidet der persönliche Geschmack.

Der abgebildete Abricot wird wie folgt verwendet:

◆ leicht gekühlt im Likörglas
◆ on the rocks
◆ als Longdrink mit Eiswürfeln und Fruchtsäften
◆ zum Mixen von Cocktails und Longdrinks

 *Wissenswertes*

Gruppe	Fruchtlikör
Geschmacksrichtung	fruchtig, aromatisch, leicht süß
Zusammensetzung	Alkohol, Aprikosenextrakt, Zucker, natürliche Aromen
Herstellungsort	Avrillé-Angers/Frankreich
Jahresabsatz	nicht bekannt
Inhaber	Distillerie Giffard & Cie.
Alkoholgehalt	24 % vol
Preisklasse	18–20 DM

Melon Liqueur
Midori

D er japanische Getränkemulti Suntory wurde 1899 von Shinjiro Torii, einem damals 20-jährigen Winzer gegründet. Heute ist Suntory einer der führenden Spirituosenproduzenten der Welt. Der international tätige Konzern produziert und vertreibt unter seinem Namen alle wichtigen Spirituosenarten wie Gin, Wodka, Rum und Tequila.

Der größte Geschäftszweig des Unternehmens ist seit Jahrzehnten die Produktion japanischen Whiskys. Dieser wird in verschiedenen Qualitäten angeboten, und allein die vier größten Marken sind mit zusammen 100 Millionen jährlich verkauften Flaschen unter den 100 Top-Spirituosen der Welt zu finden.

Die Marke

Eine der weltweit erfolgreichsten Likörmarken der neunziger Jahre ist der Midori Melon Liqueur. Er war Teil der Hermes-Likörreihe von Suntory und zu Beginn der siebziger Jahre nur in Japan bekannt. 1971 besuchten US-Barkeeper die Suntory Yamazaki Destillerie in Japan und stießen bei zahlreichen Likörproben auf den Hermes Midori Liqueur. Nach Auswertung der Verkostungen glich man den Midori dem amerikanischen Geschmack an und begann mit dem Export nach den USA.

Der neuartige, nach Wassermelonen schmeckende Likör mit seiner kraftvollen grünen Farbe etablierte sich schon nach kurzer Zeit auf dem Markt, und daraufhin ließ der Erfolg des Getränks auch in verschiedenen anderen Ländern nicht lange auf sich warten. Midori wird heute von Suntory in Mexiko hergestellt und ist seit einigen Jahren auch bei uns zu haben.

Weitere Produkte

In Deutschland wird außer dem Midori-Melonenlikör von Suntory nur japanischer Whisky angeboten.

Green Sex Machine

4 cl geeister Midori Liqueur
2 cl Rose's Lime Juice
gekühlter Sekt

Midori und Lime Juice auf
Eiswürfel in ein Longdrinkglas
geben und mit Sekt auffüllen.

Midori Sour

5 cl Midori Melon Liqueur
3 cl Zitronensaft
2 cl Rose's Lime Juice

Alle Zutaten im Shaker mit
Eiswürfeln kräftig schütteln
und in ein Stielglas
abgießen.

Empfehlungen

*Mit Midori mixt man leichte, aromatische Drinks, und auch Klassiker
erhalten durch Midori einen neuen Charakter.*
Er wird wie folgt verwendet:

◆ on the rocks
◆ als Longdrink mit Eiswürfeln und Fruchtsäften oder Sekt
◆ zum Mixen von Cocktails und Longdrinks

Wissenswertes

Gruppe	Fruchtaromalikör
Geschmacksrichtung	aromatisch, leicht, dezent süß
Zusammensetzung	Wassermelone, Alkohol, Zucker
Herstellungsort	Mexiko City/Mexiko
Jahresabsatz	nicht bekannt
Inhaber	Suntory Mexicana/Mexico City
Alkoholgehalt	20 % vol
Preisklasse	25–28 DM

Marillenlikör
Bailoni

Aprikosen, in Österreich Marillen genannt, sind das einzige Obst, das die renommierte Wachauer Marillendestillerie Bailoni verarbeitet. Der Namenszusatz Wachauer bei den Bailoni-Produkten gilt als geschützte Herkunftsbezeichnung und garantiert, dass nur Marillen der Region für den Likör und den Schnaps verwendet werden.

Die Marke

Das traditionsreiche Familienunternehmen Bailoni, die erste Wachauer Marillendestillerie, ist der älteste Betrieb der Region und destilliert seit 1872 in seinem direkt an der Donau gelegenen Stammhaus in Krems-Stein. Seit den dreißiger Jahren hat man sich bei Bailoni auf die Verarbeitung von Marillen spezialisiert, und außer dem Likör bietet man nur Marillenschnaps an.

Dreh- und Angelpunkt bei Bailoni sind natürlich die Marillen und deren Qualität. Vollreife, frisch geerntete Früchte werden nach dem Entsteinen und Pressen in modernsten Brennanlagen nach den überlieferten Rezepten der Familie weiterverarbeitet. Für den Bailoni-Marillenlikör wird ein weit größerer Fruchtsaftanteil als vorgeschrieben verwendet, und Farbe wie Aroma des Likörs stammen ausschließlich vom Saft der aromatischen Marillen. Seine feine Obstbrandnote verleihen ihm die Marillendestillate.

Dafür werden entsteinte Marillen eingemaischt, vergoren und anschließend dreifach destilliert. Nach einer Lagerzeit von mindestens zwei Jahren wird der Brand zur Bereitung des Marillenlikörs verwendet. Der Mindestdestillatanteil liegt bei 60 Prozent und ist damit höher als z. B. für Fruchtbrandys vorgeschrieben.

Weitere Produkte

Die Firma Bailoni stellt auch einen Wachauer Marillenschnaps her (40 % vol).

Paradise

3 cl Bailoni Marillenlikör
3 cl Gin
4 cl Orangensaft
Im Shaker mit Eiswürfeln kräftig schütteln und in eine Cocktailschale abgießen.

Nur die vollreifen Früchte werden für Bailoni-Produkte verwendet. Sie garantieren die Qualität dieses exquisiten Marillenlikörs.

Empfehlungen

Bailoni-Marillenlikör hat ein volles Bukett und ist auf natürliche Weise fruchtig und aromatisch.
Er wird wie folgt verwendet:

◆ ungekühlt oder leicht gekühlt im Likörglas
◆ on the rocks
◆ als Longdrink mit Eiswürfeln und Fruchtsäften
◆ als Zutat beim Mixen

Wissenswertes

Gruppe	Fruchtsaftlikör
Geschmacksrichtung	süß und fruchtig
Zusammensetzung	Marillensaft, Marillendestillat, Alkohol, Zucker
Herstellungsort	Krems, Wachau/Österreich
Jahresabsatz	nicht bekannt
Inhaber	Bailoni, Krems/Österreich
Alkoholgehalt	30 % vol
Preisklasse	30 DM

Passoã
The Passion Drink

Im Anjou, am Rande der Bretagne, liegt die Stadt Angers, die Heimat des weltberühmten Orangenlikörs Cointreau. Bei Cointreau entschied man zu Beginn der achtziger Jahre, dass ein neuer fruchtiger Likör mit geringem Alkoholgehalt entwickelt werden sollte. Als Basis wählte man die Passionsfrucht, und nach langen Versuchen und Testreihen wurde 1986 der Passoã vorgestellt.

Die Marke

Der Ursprung des Namens der in ungefähr 400 Arten verbreiteten Passionsfrucht soll auf spanische Missionare zurückgehen. Diese sahen in der Blütenform der Früchte eine symbolische Verwandschaft mit der Dornenkrone, die Jesus während der Passion getragen hatte. Die spanischen Eroberer nannten sie aufgrund ihrer gewissen äußeren Ähnlichkeit mit dem Granatapfel »Granadilla« (kleiner Granatapfel) und übertrugen diese Bezeichnung auf alle Arten.

Eine der meistverbreiteten Sorten ist die runde und tief purpurfarbene Purpurgranadilla. Sie wird bei uns häufig als Maracuja angeboten, obwohl diese spanische Bezeichnung zur größeren länglichen und gelben Passionsfrucht gehört. Die gelbe Maracuja liefert auch den Saft für den Passoã-Likör. Passoã wird außer im Stammhaus in Angers noch in einer zweiten Produktionsstätte, in Villafranca in der spanischen Provinz Navarra hergestellt. Der Erfolg von Passoã weitete sich rasch zunächst auf die europäischen Märkte und dann auf Übersee aus. Heute werden 95 Prozent der Produktion in über 40 Länder der Erde exportiert.

Weitere Produkte

Passoã Orange in Dosen und Cointreau (s. S. 94).

Passoā Exclusita

3 cl Passoā
3 cl Cointreau
12 cl Orangensaft
Im Shaker mit Eiswürfeln
kräftig schütteln und in
ein Longdrinkglas auf
Eiswürfel abgießen.

Der exotische Geschmack dieses Likörs weckt Erinnerungen an heiße durchtanzte Nächte am Strand.

Empfehlungen
Der hell glänzende rote Passoā ist intensiv fruchtig-exotisch und sehr aromatisch.
Er wird wie folgt verwendet:
- on the rocks
- als Longdrink mit Eiswürfeln und Fruchtsäften
- zum Mixen von Cocktails und Longdrinks mit einer feinen exotischen Note

Wissenswertes

Gruppe	Fruchtlikör
Geschmacksrichtung	fruchtig-exotisch, mild, leicht süß
Zusammensetzung	Passionsfruchtsaft, Alkohol, Zucker, Farbstoff, Früchte- und Kräuterextrakte
Herstellungsort	Angers/Frankreich und Villafranca/Spanien
Jahresabsatz	3 Mio. Flaschen
Inhaber	Cointreau S. A., Angers/Frankreich
Alkoholgehalt	20 % vol
Preisklasse	18–20 DM

Crème de Bananes
De Kuyper

De Kuyper in Schiedam/Niederlande ist der weltweit größte Likörproduzent. Das 1695 gegründete Unternehmen ist in der elften Generation im Besitz der Familie de Kuyper und wurde 1995, anlässlich des 300-jährigen Jubiläums, von Königin Beatrix der Niederlande zu »Royal Distillers« ernannt. Außer dem von jedem niederländischen Spirituosenunternehmen hergestellten Genever werden in Deutschland eine umfangreiche Likörreihe und die so genannten Solitär-Liqueur-Marken angeboten. Diese werden unter den Markennamen Peachtree (s. S. 152), Kwai Feh (s. S. 122) und Nassau-Orange (s. S. 98) beschrieben.

Die Marke
In über 90 Ländern der Erde gibt es Liköre von de Kuyper. Das in Deutschland mittlerweile auf 18 Sorten erweiterte Angebot wird seit einigen Jahren in neu entworfenen und dabei verschlankten Flaschen angeboten. Ein Klassiker des Sortiments ist der Crème de Bananes, der mit seiner natürlichen Bananennote eine beliebte Grundlage für Cocktails und Mixgetränke ist. Für Bananenliköre werden nicht die makellosen großen so genannten Dollar-Bananen verwendet, sondern unscheinbare, kleine, aber dafür sehr aromatische Sorten. Zur Likörherstellung werden die Bananen gepresst, und man erhält dabei keinen Saft, sondern einen Brei. Dieser wird mit Alkohol versetzt, das Mazerat dann abgepresst, und die Rückstände zur Wiedergewinnung des Alkohols werden destilliert. Durch spezielle Verfahren werden dabei auch die Aromastoffe gewonnen und dem Likör zugefügt.

Weitere Produkte
Weitere Fruchtliköre von de Kuyper sind Melon aus südamerikanischen Früchten und Apricot Brandy – beide 24 % vol, des Weiteren Blackberry (Brombeere) und

Kiwi mit 20 % vol sowie der aus adriatischen Marasca-Sauerkirschen hergestellte Marasquin-Maraschino-Liqueur mit 30 % vol. Unter den jeweiligen Stichworten werden die anderen Marken beschrieben.

Silver Jubilee

4 cl Crème de Bananes
2 cl Gin, 4 cl Sahne
Im Shaker mit Eiswürfeln kräftig
schütteln und in eine Cocktailschale abgießen.

Banana Boat

3 cl Crème de Bananes
3 cl Gin
12 cl Orangensaft
1 Barlöffel Grenadine
Im Shaker mit Eiswürfeln
kräftig schütteln und in
ein Longdrinkglas auf
Eiswürfel abgießen.
Grenadine darüber geben.

Empfehlungen

De Kuyper Crème de Bananes besitzt eine ausgeprägte Bananennote und dezente Süße.
Er wird wie folgt verwendet:
- ungekühlt im Likörglas
- als Longdrink mit Eiswürfeln und Fruchtsäften
- zum Mixen von Cocktails und fruchtigen Drinks
- zur Verfeinerung von Desserts, Kaffee und über Eiscreme

Wissenswertes

Gruppe	Bananenlikör/Fruchtlikör
Geschmacksrichtung	fruchtig, aromatisch, ohne übermäßige Süße
Zusammensetzung	Fruchtdestillat, Alkohol, Zucker, fruchteigene Aromastoffe
Herstellungsort	Schiedam/Niederlande
Jahresabsatz	Gesamtsortiment weltweit ca. 55 Mio. Flaschen
Inhaber	De Kuyper Royal Distillers, Schiedam
Alkoholgehalt	24 % vol
Preisklasse	18–20 DM

Watermelon
Marie Brizard

D as weltberühmte Haus Marie Brizard et Roger wurde 1755 in Bordeaux gegründet und ist heute der größte Likör-Sortimentsproduzent Frankreichs. Der Erfolg begann mit dem Anisette (s. S. 60), der bis heute das Flaggschiff des Brizard-Sortiments und der meistverkaufte Likör der Firma ist. Rund um den Anisette werden über 30 verschiedene Liköre hergestellt und 21 davon auch nach Deutschland exportiert. Darunter sind zum Teil echte Klassiker, die von Brizard erstmals angeboten wurden, aber auch Novitäten wie Charleston Follies (s. S. 124). Die Marie-Brizard-Produkte genießen weltweit höchste Anerkennung und werden in über 120 Länder exportiert.

Die Marke

Der Watermelon ist eine der großen Neueinführungen des letzten Jahrzehnts. Seit 1995 wird dieser leichte und fruchtige Melonenlikör auch in Deutschland angeboten. Der roséfarbenen Kreation verleihen Honig- und Wassermelone ihr Aroma und ihren Geschmack. Marie Brizard ist auch einer der wenigen Hersteller von Poire-William-Liqueur. Dieser feine Birnenlikör besitzt einen ausgeprägten Duft sowie intensiven Birnengeschmack und hat 30 % vol.

Ein weiteres Highlight des Sortiments ist der Fraise des Bois (18 % vol). Dieser herrlich duftende und leuchtend rote Walderdbeerlikör aromatisiert Mixgetränke, Sekt und Fruchtsäfte mit feiner Süße und wenig Alkohol (18 % vol). Neu entwickelt und auch in Deutschland erst kurze Zeit auf dem Markt ist der Manzana Verde. Diese klare, herbfruchtige Kreation wird aus grünen Äpfeln bereitet und hat 20 % vol Alkoholgehalt. Alle vier genannten Liköre sollten leicht gekühlt getrunken werden. Weitere Fruchtliköre werden beim Marie Brizard Peach (s. S. 150) beschrieben.

Weitere Produkte
Unter den Stichwörtern Anisette (s. S. 60), Peach (s. S. 150),
Triple Sec (s. S. 104), Charleston Follies (s. S. 124) und Chocolate Royal (s. S. 192) werden
weitere Sorten beschrieben.

Perestroika

3 cl Watermelon Liqueur
2 cl Wodka
1 Barlöffel Fraise des Bois Liqueur
Im Rührglas mit Eiswürfeln gut vermischen und in ein Cocktailglas abgießen.

Tokyo Sunset

5 cl Watermelon Liqueur
Tonic Water
Den Watermelon Liqueur
in ein Longdrinkglas auf
Eiswürfel geben und mit
Tonic Water auffüllen.

Empfehlungen
*Watermelon und die anderen Spezialitäten sind jede für sich ein
Likörerlebnis.*
Sie werden wie folgt verwendet:
◆ leicht gekühlt im Likörglas
◆ on the rocks
◆ als Longdrink mit Eiswürfeln und Fruchtsäften oder Sekt
◆ als Zutat beim Mixen

Wissenswertes

Gruppe	Fruchtlikör
Geschmacksrichtung	(Watermelon) leicht süß, fruchtig
Zusammensetzung	Melonenextrakt, Alkohol, Zucker
Herstellungsort	Bordeaux/Frankreich
Jahresabsatz	Gesamtsortiment weltweit ca. 14 Mio. Flaschen
Inhaber	Marie Brizard et Roger International/Bordeaux
Alkoholgehalt	17 % vol
Preisklasse	16–18 DM

Maracuja Liqueur
Bols

Die Zahl der von Bols in Amsterdam seit 1575 hergestellten Liköre wird heute kein noch so profunder Kenner des Hauses nennen können. Nicht nur hunderte von Millionen Flaschen Liköre und Spirituosen trugen in den seither vergangenen 425 Jahren den Namen Bols, auch ungezählte Likörsorten wurden entwickelt, verworfen, im Sortiment behalten, eingestellt, neu komponiert oder sonstwie verändert. Dazu kamen neue Ausstattungen, Etiketten und Flaschenformen. Als älteste Liköre gelten der Anisette, gefolgt vom Kümmel und dem Curaçao. Zwischenzeitlich gab es Goldwasser, Boonekamp, Half and Half und viele weitere, heute schon in Vergessenheit geratene Liköre. Neben der Kunst der Herstellung hatte man bei Bols seit jeher das Gespür für den Geschmack des Verbrauchers. Dieser zwingt seit alten Zeiten jeden Likörproduzenten zur Reaktion auf veränderte Trinkgewohnheiten. Die verbesserte Technik sowie die heute jederzeitige Verfügbarkeit jeder noch so exotischen Frucht erlaubten und erforderten die Schaffung neuer Likörkompositionen. Als zu Beginn der achtziger Jahre die Zeit reif war für fruchtige, farbige und leichtere Liköre, reagierte Bols mit seiner Longdrink-Range.

Die Marke

Trendsetter war der ehrwürdige Bols Blue Curaçao, der nun erstmals die blaue Farbe salonfähig machte. Außerdem wurde der Alkoholgehalt dieser klassischen Bols-Sorte gesenkt. 1983 kam die Grüne Banane (s. S. 116), 1987 der Red Orange (s. S. 96) und 1993 der leuchtend orangerote Maracuja zur Einführung. Alle vier erfreuen sich größter Beliebtheit, und seit 1999 werden sie in einer neuen einheitlichen Ausstattung angeboten. Bols Maracuja, der bis

1999 Maracuja Sun hieß, hat die tropische Maracujafrucht als Basis. Mit seinem exotischen Geschmack und den leichten 20 % vol ist Bols Maracuja ein idealer Likör zum Mixen fruchtiger Longdrinks.

Weitere Produkte
Weitere Bols-Sorten werden unter den jeweiligen Stichworten beschrieben.

White Ocean
4 cl Bols Maracuja
2 cl Bols Grüne Banane
2 cl Kokossirup
10 cl Orangensaft
3 cl Sahne
Alle Zutaten im Shaker mit Eiswürfeln kräftig schütteln.

Empfehlungen
Bols Maracuja ist kein typischer Likör, sondern eine beliebte
Longdrinkbasis mit exotischem Geschmack.
Er wird wie folgt verwendet:
◆ leicht gekühlt im Likörglas
◆ on the rocks
◆ als Longdrink mit Eiswürfeln und Fruchtsäften oder Limonaden
◆ als Zutat beim Mixen

Wissenswertes

Gruppe	Fruchtaromalikör
Geschmacksrichtung	fruchtig, leicht, dezent süß
Zusammensetzung	Fruchtextrakte, Zucker, Alkohol, Aromastoffe
Herstellungsort	Zoetermeer bei Amsterdam/Niederlande
Jahresabsatz	Gesamtsortiment weltweit ca. 18 Mio. Flaschen
Inhaber	Bols Royal Distilleries
Alkoholgehalt	20 % vol
Preisklasse	14–16 DM

Lakka Wildbeeren-Liqueur
Lapponia

N̲ördlich des Polarkreises, in der Tundra Lapplands, wachsen inmitten einer unberührten Natur die aromatischen Lakka- und Puolukkabeeren. Aus ihnen werden die berühmtesten Liköre des Nordens hergestellt und unter dem Namen ihrer Heimat »Lapponia« vertrieben.

Die Marke

Das in der südfinnischen Hafenstadt Turku ansässige Unternehmen Marli ist der größte Hersteller von Fruchtweinen und Likören im gesamten skandinavischen Raum. Die Geschichte der traditionsreichen Firma begann im Jahre 1867 mit Anders Nordfors. Er entwickelte aus den wild wachsenden Beeren Lapplands die Vorläufer der heutigen Liköre. Auf den internationalen Exportmärkten sind vor allem der Lakka- und der Puolukkalikör bekannt.

Die goldgelbe Lakkabeere (Multebeere) ist die typischste und eigenständigste unter den arktischen Wildbeeren. Puolukka heißt die wilde Preiselbeere, aus der der gleichnamige leuchtend rote Likör besteht.

Diese unvergleichlichen Früchte reifen innerhalb weniger, aber langer Sonnentage. Mühsam per Hand pflücken Lappland-Nomaden, Jäger und Sammler alljährlich vor dem ersten Frost die vollfruchtigen Beeren. Von Sammelstellen aus werden diese dann zur Verarbeitung nach Turku gebracht. Beide Liköre werden ohne jegliche künstliche Zusätze hergestellt und in von Tapio Wirkkala, Finnlands berühmtesten Designer, entworfenen Flaschen angeboten. Auf diesen sind die Beeren der Tundra zu einem symbolischen Kreis gruppiert und zum optischen Mittelpunkt gemacht.

Weitere Produkte

Sowohl Lakka als auch Puolukka wurden viele Jahre in Deutschland angeboten, sind zurzeit jedoch selbst im Fachhandel schwer zu finden.

Polarwind

4 cl Lakka
2 cl Wodka
4 cl Orangensaft
Im Shaker mit Eiswürfeln
kräftig schütteln und in
eine Cocktailschale
abgießen.

Die Bewohner Lapplands pflücken das »Gold« der Tundra mühsam
per Hand und bringen es nach Turku.

Empfehlungen
*Lakka und Puolukka sind fruchtig, aromatisch und außergewöhnlich
interessant.*
Sie werden wie folgt verwendet:
◆ ungekühlt oder leicht gekühlt im Likörglas
◆ on the rocks
◆ als Longdrink mit Eiswürfeln und Fruchtsäften
◆ als Zutat beim Mixen

 *Wissenswertes*

Gruppe	Fruchtlikör
Geschmacksrichtung	fruchtbetont, zurückhaltend süß
Zusammensetzung	Fruchtsaft, Alkohol, Zucker
Herstellungsort	Turku/Finnland
Jahresabsatz	nicht bekannt
Inhaber	Marli, eine Tochtergesellschaft der Huhtamäki-Gruppe
Alkoholgehalt	beide 21 % vol
Preisklasse	um 25 DM für 0,5 l

Kräuter- und Gewürzlikör
die würzig-aromatischen Klassiker

Eine ganz eigene Welt tut sich bei diesen Likören auf. Sie sind die Vorläufer und der Ausgangspunkt der heutigen Likörindustrie. Allen gemeinsam ist der gesundheitliche Aspekt, der zu Beginn der Entwicklung im Vordergrund stand. Zum Wohlbefinden kam der Genuss, und beides verbindet sich auf äußerst angenehme Weise.

Der Ursprung

Die Verbreitung der Destillation im 16. Jahrhundert bewog Mediziner und Alchimisten zur Suche nach Elixieren die eine heilende Wirkung versprachen. Besonders die Mönche machten sich um die Entwicklung verdient, und noch heute weltbekannte Liköre wie Chartreuse und Bénédictine entstanden durch sie. Auch der erste industrielle Likörproduzent, Lucas Bols in Amsterdam, stellte mit einem Kümmel als Erstes einen Gewürzlikör her. Im Laufe der Zeit entdeckte man viele Wirkstoffe in Pflanzen und Gewürzen und entwickelte aus diesen unter Verwendung von Alkohol und Zucker aromatische Getränke. Nachdem diese Entwicklungsstufe erreicht war, war der Weg zum Genussmittel nicht mehr weit, und zu Beginn des 19. Jahrhunderts entstanden überall in Europa Herstellungsbetriebe. Die Liköre wurden ein Teil der Trinkkultur.

Die Herstellung

Während sich Fruchtsaftliköre relativ einfach durch Alkohol, Zucker, Fruchtsaft und Wasser herstellen ließen, benötigte man zur Bereitung von Kräuter- und Gewürzlikören die Inhalts- und Wirkstoffe der verwendeten Substanzen. Dazu entwickelte man vier verschiedene Verfahrensweisen, die bis heute angewendet werden. Mit diesen gelingt es, die gewünschten Stoffe aus den Pflanzenteilen herauszulösen.

1. Die Mazeration: Ist das Ausziehen von getrockneten Pflanzenteilen mit Alkohol- oder Alkohol-Wasser-Gemischen (kalt und über einen längeren Zeitraum).

2. Die Digestion: Ist eine Mazeration mittels warmer Flüssigkeit.

27 Kräuter und Gewürze werden bei Bénédictine in der der Normandie/Frankreich ausgewählt und gewogen.

In den Gewürzsäcken des Unternehmens Marie Brizard in Bordeaux/Frankreich werden Pflanzen und Gewürze wie Dill, Fenchel, Iris und Schalen von Zitrusfrüchten angeliefert.

(Es geht schneller, wirkt intensiver und kann weitere erwünschte Stoffe herausholen. Ähnlich wie Ziehenlassen des Tees.)

3. Die Perkolation: Ist das Ausziehen im Durchlaufverfahren (ähnlich wie beim Kaffeefiltern).

4. Die Destillation: Ist das Erhitzen von Alkohol-Wasser-Gemischen mit Pflanzenteilen (auch mit den eben erwähnten Mazeraten, Digeraten oder Perkolaten). Ergibt besonders feine und reintönige, von allen unerwünschten Substanzen befreite Rohspirituosen.

Die so gewonnenen Auszüge werden einzeln oder untereinander gemischt mit Alkohol, Zucker und Wasser zu Likör verarbeitet. Wie und welcher Likör hergestellt wird, beruht oft auf jahrhundertealten Rezepturen. Allen gemeinsam ist eine mehr oder weniger ausgeprägte Süße, da ein Liter Fertigerzeugnis mindestens 100 Gramm Zucker enthalten muss.

Die Distilleria Riunite di Liquori in Solaro/Italien bewahrt die Gewürze auf, die den berühmten Galliano aromatisieren.

Die Verwendung

Ob gekühlt oder ungekühlt, vor oder nach dem Essen, pur oder gemixt, die Verwendung ist ebenso unterschiedlich wie die Liköre selbst. Bei den Marken wird die hauptsächliche Verwendung empfohlen, doch letztendlich entscheidet der persönliche Geschmack.

Danziger Goldwasser
Der Lachs

Als um die Mitte des 16. Jahrhunderts die Geheimnisse der Destillation gelüftet waren, erfuhr die Suche nach medizinisch wirksamen Getränken einen großen Aufschwung. Nun war es möglich, Kräuter und Gewürze mit Hilfe des Alkohols auszulaugen und die Wirkungen unzähliger aromatischer Beigaben zu erkunden. Vielfach wurde auch mit Gold und Silber experimentiert, und den Likören wurden Gold- und Silberblättchen beigegeben. Möglich ist, dass man sich davon besondere Heilkräfte versprach oder aber seinen Reichtum zeigen wollte. Von den heilsamen Tränken dieser Zeit, darunter das mit Goldblättchen versetzte Guldinwasser, führte der historische Weg zu den heutigen Destillationslikören und letztendlich zum Danziger Goldwasser.

Die Marke

Hauptsächlich Danziger Likörfabriken produzierten schon in frühester Zeit diese originelle Spezialität, die ihren Namen der wasserhellen Farbe und dem darin herumschwimmenden Blattgold verdankt. Danziger Goldwasser ist ein stark würziger Destillatslikör, der vorwiegend Kardamom, Koriander, Macis, Pomeranzenschalen, Wacholderbeeren und Zitronenschalen enthält. Aber auch Kümmel, Lavendel, Nelken, Selleriesamen, Zimt und weitere Gewürze werden verwendet.

Die genaue Zusammensetzung zur Herstellung des Likörs ist das Geheimnis der Hersteller. Die bekannteste Marke ist Der Lachs, dessen Ursprung bis auf das Jahr 1598 zurückgeht. Da man damals noch keine Hausnummern kannte, benutzte man Symbole und Tierzeichen, um die einzelnen Häuser zu unterscheiden. Am Giebel des Hauses mit der Likörfabrik befand sich ein Lachs, und so bürgerte sich die Bezeichnung für das Haus und die Liköre ein. Im Jahre 1922 gründete man ein Zweigwerk in Berlin, und als nach dem Zweiten Weltkrieg die Originalfabrik in Danzig aufgegeben werden musste, war Berlin der einzige Produktionsort. Seit 1972 wird Der Lachs von der Hardenberg Kornbrennerei in Nörten-Hardenberg hergestellt.

Danzig zeigt sich in Gold und Silber. Hier der Götterbote Merkur
vor dem Arthushof am Rechstädtischen Rathaus am Diugi Targ.

Weitere Produkte
Von den ehemals vie-
len verschiedenen Mar-
ken des Hauses wird
heutzutage nur noch
Der Lachs Kurfürsten
Edelbitter hergestellt.

Empfehlungen
*Der intensiv nach Gewürzen schmeckende Likör passt zu Kaffee und als
Digestif.*
Er wird wie folgt verwendet:
◆ ungekühlt und aufgeschüttelt im Likörglas

Wissenswertes

Gruppe	Gewürzlikör
Geschmacksrichtung	aromatisch, würzig, süß
Zusammensetzung	Gewürz- und Fruchtschalendestillate, Alkohol, Zucker, 22-karätige Blattgoldflocken
Herstellungsort	Nörten-Hardenberg im südlichen Niedersachsen
Jahresabsatz	nicht bekannt
Inhaber	Gräflich von Hardenberg'sche Firmengruppe, Nörten-Hardenberg
Alkoholgehalt	40 % vol
Preisklasse	16 DM für 0,5 l

Chartreuse
Liqueur par les Pères

Die Chartreuse-Liköre sind die einzigen weltbekannten Liköre Frankreichs, die noch immer von Mönchen hergestellt werden. Aus dem einstigen Heilmittel entwickelte sich ein wohlschmeckender und aromatischer Likör, der heute in über 100 Ländern zu finden ist.

Die Marke

Die Geschichte der Chartreuse-Liköre beginnt 1605. In diesem Jahr erhielten Kartäusermönche in Paris ein Manuskript mit der Formel eines »Elixiers für ein langes Leben«. 1737 erreichte es nach vielen Umwegen das 1676 in der Dauphiné, nahe Grenoble, erbaute Kloster der Grande Chartreuse. Einem der Mönche, dem gelehrten Apotheker Jérôme Maubec, gelang es schließlich, ein Herstellungsverfahren auszuarbeiten. Zu Beginn, um 1755, wurde das Elixier Végétal hergestellt. 1764 entwickelte man ein zweites Produkt, den grünen Chartreuse. Diesem folgte 1835 der gelbe. 1860 verlegte man die Produktion in eine neu erbaute Destillerie im acht Kilometer entfernten Ort Fourvoirie.

Die Säkularisation in Frankreich führte 1803 zur Vertreibung der Kartäuser und zum Bau einer neuen Destillerie in Tarragona/Spanien. Erst im Jahre 1932 kehrten die Mönche zurück und produzierten wieder in Fourvoirie. Als die Gebäude nur drei Jahre später durch einen Erdrutsch zerstört wurden, verlegte man die Produktion an den heutigen Standort, in das nahe gelegene Städtchen Voiron. Nur drei Mönche kennen alle Einzelheiten der Produktion. Unter ihrer Aufsicht arbeitet auch die weiterhin betriebene Destillerie in Tarragona. Chartreuse besteht aus den Auszügen von 130 Kräutern und Gewürzen, aus Weindestillat, Honig und Zucker. Nachdem der Chartreuse in seiner endgültigen Zusammensetzung fertig gemischt ist, reift er rund fünf Jahre in z. T. über 100-jährigen, bis zu 50 000 l fassenden Eichenholzfässern in den mit 164 Metern längsten Likörkellern der Welt.

Weitere Produkte

Neben dem grünen und gelben Chartreuse werden das Elixier Végétal de la Grande Chartreuse mit 71 % vol und der über zwölf Jahre gereifte Chartreuse V.E.P. (in 0,1-Liter-Kleinflaschen) angeboten. Außerdem gibt es seit etwa 20 Jahren die auf der Basis des grünen Chartreuse mit Fruchtsäften gemischten Chartreuse Orange und Chartreuse Myrtille (Heidelbeere) mit jeweils 17 % vol.

Bijou

2 cl Chartreuse Grün
2 cl Gin
2 cl Vermouth Dry
Im Rührglas mit Eiswürfeln gut vermischen und in ein Cocktailglas abgießen.

Empfehlungen

Chartreuse Jaune und Verte sind würzig und aromatisch – internationale Digestifklassiker.

Sie werden wie folgt verwendet:

◆ stark gekühlt im Likörglas oder Schwenker
◆ on the rocks
◆ als Longdrink mit Eiswürfeln und Orangensaft und anderen Fruchtsäften
◆ zum Mixen von Cocktails und Longdrinks, als Heißgetränk mit Kaffee oder Schokolade

 *Wissenswertes*

Gruppe	Kräuter- und Gewürzlikör
Geschmacksrichtung	Gelb süßer und milder als der kräftige Grün
Zusammensetzung	130 Pflanzen und Gewürze, Weinalkohol, Honig und Zucker
Herstellungsort	Voiron, nahe Grenoble/Frankreich
Jahresabsatz	Voiron 1,5 Mio. Flaschen, Tarragona 750 000 Flaschen
Inhaber	Chartreuse Diffusion, Voiron/Frankreich
Alkoholgehalt	Chartreuse Gelb (Jaune) 40 % vol, Chartreuse Grün (Verte) 55 % vol
Preisklasse	Jaune 40–45 DM, Verte 45–50 DM

Bénédictine DOM

Klassische Rezepte überdauern die Zeit. Dies gilt auch für Spirituosen, insbesondere für Likörspezialitäten. Oft waren die kräuterkundigen Mönche der Klöster an der Entwicklung beteiligt. So auch beim Bénédictine DOM, dem berühmten Kräuterlikör aus der Normandie.

Die Marke

Unter den Mönchen des im Jahre 958 gegründeten Benediktinerklosters Fécamp in der Normandie lebte im 16. Jahrhundert einer, von dessen Arbeit noch heute profitiert wird. Bruder Bernardo Vincelli bereitete im Jahre 1510 als Erster ein Elixier, dessen Rezeptur einem heute weltbekannten köstlichen Getränk zugrunde liegt: dem Liqueur Bénédictine. Aus 27 ausgewählten Kräutern braute er sein Elixier, dem wohltuende Wirkungen nachgesagt wurden. Im Laufe der Geschichte verschwand das Rezept von Bruder Vincelli in der Versenkung, aber bevor in der Französischen Revolution von 1789 die Abtei zerstört wurde, brachten die Mönche von Fécamp Bücher, Akten und Urkunden in Sicherheit.

Alexandre Le Grand, Kaufmann in Fécamp, fand unter geerbten Papieren im Jahre 1863 die Formeln des Vincelli-Elixiers. Von diesen Unterlagen ausgehend, vertiefte er sich in die Geheimnisse der Kräuter und begann zu experimentieren, bis er das alte Gemisch wiedergefunden hatte. Die Herstellung beginnt mit dem Zuordnen verschiedener in Art und Aroma zueinander passender Kräuter. Es entstehen fünf verschiedene Mischungen, vier von ihnen werden destilliert, die fünfte, aus Früchten und Fruchtschalen bestehende, wird mazeriert. Die fünf Grundsubstanzen lagern dann drei Monate in Eichenholzfässern.

Nach dem Vermischen gibt es eine weitere Lagerzeit von acht Monaten. Dann werden in einem bestimmten Verhältnis Wasser, Alkohol, Sirup, Honig, Karamell und Safran zugegeben. Schließlich kommt er für weitere drei Monate in Fässer zum Ruhen. Es gibt kaum ein Land auf der Welt, wo der Likör in der von Alex-

andre Le Grand erfundenen typischen »bouteille normande« nicht zu haben ist. Nicht nur die Flasche, auch der Zusatz DOM stammt von Le Grand: DOM steht für »deo optimo maximo« – dem besten und größten Gott geweiht. Seit 1937 kommt aus Fécamp auch der B and B. Er vereint den Geschmack des Likörs mit dem Bukett eines guten Cognacs (das zweite B steht für Brandy).

Weitere Produkte
Zahlenmäßig die Hälfte der gesamten Produktion entfällt auf den B and B. Diesen gibt es auch ungemischt in einer Doppelflasche (La bouteille du couple).

Der Kaufmann Alexandre Le Grand führte ein altes Rezept zu Weltruhm.

Empfehlungen
Bénédictine DOM ist von vollendeter Harmonie und weltweit als Digestif geschätzt.
Er wird wie folgt verwendet:
◆ leicht gekühlt im Schwenker
◆ on the rocks
◆ als Longdrink mit Eiswürfeln und Fruchtsäften oder Tonic Water
◆ zum Mixen von Cocktails mit Champagner und mit Kaffee

 *Wissenswertes*

Gruppe	Kräuter- und Gewürzlikör
Geschmacksrichtung	kräftig, aromatisch, süß-würzig
Zusammensetzung	Kräuter- und Gewürzauszüge, Alkohol, Zucker, Honig
Herstellungsort	Fécamp, Normandie/Frankreich
Jahresabsatz	rund 6 Mio. Flaschen
Inhaber	Bénédictine S. A., Fécamp
Alkoholgehalt	40 % vol
Preisklasse	30–35 DM

Original Ettaler
Kloster-Liqueur

Im bayerischen Hochgebirge zwischen Garmisch-Partenkirchen und dem weltberühmten Passionsdorf Oberammergau liegt in einem romantischen Hochtal der Ort Ettal. Mittelpunkt des Ortes ist die bekannte Benediktinerabtei Ettal mit ihrer prächtigen Barockkirche.

Die Marke

Die Gründung der Abtei geht auf das Jahr 1330 zurück. Sie erfolgte durch Kaiser Ludwig der Bayer bei der Rückkehr von seiner Italienreise. Auch in Ettal entwickelte sich die Likörherstellung in der Klosterapotheke. Nachweislich wurde 1609 erstmals Wein destilliert, die Ursprünge vermutet man jedoch in noch früherer Zeit. 1803 begann durch die Säkularisation für die Abtei ein dunkles Jahrhundert. Die Mönche wurden ausgesiedelt, Gebäude niedergerissen und Klostereigentum versteigert – darunter auch das Rezeptbuch der Apotheke. Als 1900 das Kloster wieder eröffnet wurde, kam auch auf Umwegen das Rezeptbuch wieder in den Besitz des Klosters.

Die Herstellung der beiden Ettaler Kloster-Liqueure wird bis heute ausschließlich von den Mönchen der Abtei vorgenommen. Die Herstellung findet in der Destillerie des Klosters statt. Dort werden mit modernster Technik in aufwändigen Verfahren aus über 40 verschiedenen Kräutern und weiteren Zutaten die Extraktstoffe gewonnen, die das Kernstück der Rezeptur sind.

Besonderen Wert legt man auf eine lange Fasslagerung des fertig gestellten Likörs. Diese erfolgt ausschließlich in Eichenholzfässern zwischen den Mauern der Gewölbe des Likörkellers. Zweifellos sind die Liköre das bekannteste Produkt der Abtei. Zu den wirtschaftlichen Aktivitäten zählen ferner eine Brauerei, ein Buchkunst-Verlag, der

Die Benediktinerabtei Ettal pflegt mit ihrer eigenen Destillerie eine alte Tradition. Der bekannteste Likör ist der Original Ettaler.

Klosterladen, der Klostergasthof und das Hotel Ludwig der Bayer. Dem Kloster angeschlossen ist außerdem ein (Jungen-)Gymnasium mit Internat.

Weitere Produkte
Außer den beiden Klassikern gibt es drei weitere Spezialitäten. Den Ettaler Kloster-Magenbitter, ein edel-rassiger Magenbitter auf reiner Kräuterbasis mit 45 % vol, den Ettaler Kloster-Geist, eine wasserhelle Kräuterkomposition mit 40 % vol, und den Ettaler Heidelbeer-Liqueur aus Heidelbeersaft und Kräuterdestillaten mit 25 % vol.

Empfehlungen
Original Ettaler Kloster-Liqueure sind Klassiker ihrer Art und ideal für viele Gelegenheiten.
Sie werden wie folgt verwendet:
◆ gekühlt im Likörglas oder Schwenker zum Digestif
◆ on the rocks
◆ als Longdrink mit Eiswürfeln und Fruchtsäften

Wissenswertes

Gruppe	Kräuterlikör
Geschmacksrichtung	Gelb etwas süßer als der würzig-herbe Grün
Zusammensetzung	Auszüge aus über 40 verschiedenen Kräutern, Alkohol, Zucker
Herstellungsort	Benediktinerabtei Ettal, Ettal in Oberbayern
Jahresabsatz	ca. 400 000 Flaschen
Inhaber	Benediktinerabtei Ettal
Alkoholgehalt	Gelb 40 % vol, Grün 42 % vol
Preisklasse	22–24 DM für 0,5 l

Peppermint / Crème de Menthe
Bols

Das weltbekannte Spirituosenunternehmen Bols wurde 1575 von Lucas Bols in Amsterdam gegründet. Dieses sicherlich älteste Unternehmen unter den Spirituosenfirmen produzierte bereits ab 1890 auch in Deutschland. Seit dieser Zeit war Bols außer einer kurzen Unterbrechung zwischen 1944 und 1946 in Deutschland immer auch als Hersteller präsent. Bedingt durch das Zusammenwachsen der Märkte wurde 1995 der zuletzt genutzte Standort in Minden geschlossen. Seither wird der deutsche Markt direkt vom Stammhaus in Zoetermeer bei Amsterdam beliefert.

Die Marke

Nie im Vordergrund, aber immer im Angebot war der Peppermint von Bols. Dieser aus dem Öl von Pfefferminzblättern gewonnene Likör wird seit Urzeiten bei Bols hergestellt und ist ein Klassiker des Sortiments. Bols Peppermint ist ein Crème de Menthe, d.h., er hat einen hohen Zuckergehalt. Die Süße verbindet sich jedoch mit einem kühlenden und erfrischenden Pfefferminzgeschmack. Pfefferminzlikör wird aus Pfefferminzöl, Neutralalkohol, Wasser und Zucker hergestellt.

Das Öl wird dabei durch Wasserdampfdestillation aus den Blättern bestimmter Pfefferminzpflanzen gewonnen. Es riecht durchdringend aromatisch, schmeckt würzig-scharf brennend und hinterher angenehm kühlend. Diese kühlende Wirkung beruht auf dem hohen Gehalt an Menthol. Durch die hohe Konzentration dieses ätherischen Öls genügen schon kleine Mengen zur Herstellung des Likörs. Pfefferminzlikör gibt es grün und wasserklar, die Farbe spielt jedoch beim Geschmack überhaupt keine Rolle. Bols Peppermint wird in einer modernisierten, aber immer noch tropfenförmigen Flasche nur als grüner Likör angeboten.

Weitere Produkte
Weitere Bols-Sorten werden
unter den jeweiligen Stichworten
beschrieben.

After Eight

2 cl Bols Peppermint
2 cl Crème de Cacao braun
1 Tasse heißer Kaffee
leicht geschlagene Sahne
Die Liköre und den Kaffee in ein
Stielglas geben und die Sahne als
Haube darauf setzen.

Grasshopper

3 cl Bols Peppermint
3 cl Crème de Cacao weiß
3 cl Sahne
Alle Zutaten im Shaker
mit Eiswürfeln kräftig
schütteln.

Empfehlungen
*Pfefferminzlikör hat als bewährtes Hausmittel gegen Magenbeschwerden
eine lange Tradition. Er schmeckt frisch wie kühlend und überdeckt jeden
vorhergehenden Geschmack.*
Er wird wie folgt verwendet:
◆ leicht gekühlt im Likörglas als Digestif
◆ on the rocks oder auf gestoßenem Eis
◆ als Zutat beim Mixen

Wissenswertes

Gruppe	Kräuterlikör
Geschmacksrichtung	stark nach Pfefferminz, süß, kühlend
Zusammensetzung	Pfefferminzöl, Neutralalkohol, Zucker
Herstellungsort	Zoetermeer bei Amsterdam/Niederlande
Jahresabsatz	Gesamtsortiment weltweit ca. 18 Mio. Flaschen
Inhaber	Bols Royal Distilleries/Zoetermeer
Alkoholgehalt	24 % vol
Preisklasse	16–18 DM

Sambuca
Molinari

Der Anislikör Sambuca ist eine klassische italienische Likörspezialität mit einem ausgeprägten Anisgeschmack. Er zählt mittlerweile zu den bekanntesten italienischen Likören und entwickelt sich auch bei uns immer mehr zur Trendspirituose. Jung, frech, cool und echt italienisch präsentiert sich dieser Likör-Newcomer mittlerweile auch in Deutschland. Vom klassischen Digestif der achtziger Jahre entwickelte er sich zum In-Drink der modernen Gastronomiebetriebe.

Die Marke

Molinari Sambuca wurde 1945 von Angelo Molinari in Civitavecchia bei Rom gegründet. Molinari ist die größte und führende Sambuca-Marke in Italien, und Deutschland ist der zweitgrößte Markt für Molinari. Die Herstellung des Sambuca von Molinari erfolgt nach dem nur der Familie bekannten Rezept.

Hochwertige Destillate aus Sternanis und grünem Anis bilden die Grundlage des Likörs, abgerundet wird der Geschmack durch weitere Gewürze. Dazu kommen hochwertiger Alkohol, Zucker und Wasser. Irrtümlich wurde in der Vergangenheit geglaubt und verbreitet, dass sich der Name Sambuca von der lateinischen Bezeichnung Sambucus für Holunder ableiten lässt und die alkoholische Basis der Holunder wäre. Der Ursprung des Wortes Sambuca ist jedoch auf die Sarazenen zurückzuführen, die im Mittelalter nach Italien kamen und dort diverse neue Gewürze aus dem Orient einführten. Die von den Sarazenen verwendete Bootsart hieß Sambuco, und davon stammt der heute bekannte Sambuca ab. Obwohl Sambuca ein Anislikör ist, gilt er doch als eigenständig innerhalb der Anisgetränke.

Aufgrund seiner Eigenständigkeit gelten für den Sambuca besondere gesetzliche Vorschriften. Der Mindestalkoholgehalt wurde mit 38 % vol festgesetzt, der Mindestzuckergehalt (gerechnet als Invertzucker) auf 350 Gramm pro Liter Fertigerzeugnis. Erst vor kurzem er-

höhte Molinari den Alkoholgehalt von 40 % vol auf 42 % vol.
Der Sambuca trägt seither die
Bezeichnung »Extra«. Dieser
außergewöhnlich hohe Alkoholgehalt unterstützt den Geschmack
des Molinari und verleiht ihm
beim Genuss und beim Flambieren zusätzliches Feuer.

Nach dem Essen ein Glas Sambuca – klassisch
serviert »con la mosca«, mit der Fliege, den drei
Kaffeebohnen, die wie Fliegen im Sambuca schwimmen.

Empfehlungen

*Sambuca Molinari ist klassisch-würzig süß, hocharomatisch und ein
überaus beliebter Digestif.*
Er wird wie folgt verwendet:

◆ ungekühlt im Likörglas oder Schwenker als Digestif
◆ on the rocks
◆ »con la mosca« – mit »Fliege«, das heißt mit drei (in jedem Fall
  einer ungeraden Zahl) Kaffeebohnen
◆ mit oder ohne Kaffeebohnen flambiert (dafür Gläser verwenden,
  die sich nach außen weiten).

 *Wissenswertes*

Gruppe	Gewürzlikör/Anislikör
Geschmacksrichtung	würzig-süß, alkoholstark, nach Anis schmeckend
Zusammensetzung	Anissamen, Alkohol, Gewürze, Zucker
Herstellungsort	Civitavecchia bei Rom/Italien
Jahresabsatz	7 Mio. Flaschen, davon ca. 1 Mio. in Deutschland
Inhaber	Molinari Int'l S.r.L.
Alkoholgehalt	42 % vol
Preisklasse	19–22 DM

Escorial Grün
Likör

Dieser Klassiker der Nachkriegszeit und die berühmte Wirtschaftswunder-Spirituose erlebt seit der Übernahme der Firma Riemerschmid durch die Underberg AG eine Renaissance. Mit seinem aparten Geschmack und seinen 56 % vol ist Escorial Grün einer der außergewöhnlichsten Liköre deutscher Produktion.

Die Marke

Das 1835 in München gegründete und heute in Erding bei München produzierende Spirituosenunternehmen Riemerschmid ist Hersteller des Escorial Grün. Die seit einigen Jahren zur Underberg AG gehörende Firma war in den Jahren nach dem Zweiten Weltkrieg bekannt für ihr umfangreiches Angebot und ihre neu entwickelten Liköre. Der Klassiker des Unternehmens ist bis heute der Escorial Grün, der seit Jahrzehnten zu den bekanntesten Likörspezialitäten Deutschlands zählt. Um 1900 wollte die Firma Anton Riemerschmid den Beweis erbringen, dass auch in Deutschland die Herstellung qualitativ hochwertiger Liköre möglich ist. Dazu schuf man 1910 den Escorial (43 % vol). Dieser Ur-Escorial hatte eine zartgelbe Farbe. Der Name Escorial wurde vor allem wegen seines Klanges und der guten Einprägsamkeit gewählt. Er sollte auch die Verwandtschaft zu den großen Klosterlikören Frankreichs ausdrücken.

1913 wurde Escorial national, 1923 international als Name und Ausstattung geschützt. Nachdem während des Zweiten Weltkrieges Alkohol hauptsächlich für gesundheitliche Zwecke zugeteilt worden war, stieg der Bedarf an hochprozentigem Trinkalkohol in den Nachkriegsjahren entsprechend an. Um auf die geänderte Marktsituation einzugehen, schuf man Escorial Grün, der einen höheren Alkoholgehalt von 56 % vol aufwies. Der bisherige Escorial (Gelb) blieb bis Mitte der sechziger Jahre auf dem Markt. Die Basis des Escorial sind eine Vielzahl harmonisch abgestimmter Kräuter- und Gewürzdestillate. Diese werden durch verschiedene Auszugsverfahren gewonnen und mit

Alkohol, Wasser und Zucker zum fertigen Likör gemischt. Escorial Grün weist eine deutlich typische Kräuter- und Gewürznote auf und ist durch seinen Alkoholgehalt dem Geschmackscharakter nach trocken mit einer Spur Süße.

Weitere Produkte
Keine weiteren Liköre, jedoch Spirituosen und ein umfangreiches Sirupsortiment.

München — hier der Blick auf die Frauenkirche — ist die Heimat der Wirtschaftswunder-Spirituose Escorial.

Empfehlungen
Mit seiner deutlich typischen Kräuter- und Gewürznote wird Escorial Grün auch vielfach in der Küche und zum Flambieren benutzt.
Er wird wie folgt verwendet:
◆ gekühlt oder eisgekühlt im Likörglas oder kleinen Schwenker als Digestif und Magen-Elixier
◆ on the rocks
◆ als Longdrink mit Eiswürfeln und Orangensaft oder anderen Fruchtsäften

Wissenswertes

Gruppe	Kräuter- und Gewürzlikör
Geschmacksrichtung	trocken, mit einer Spur Süße, aromatisch
Zusammensetzung	Kräuter- und Gewürzdestillate, Alkohol, Zucker
Herstellungsort	Erding bei München
Jahresabsatz	nicht bekannt
Inhaber	Underberg AG, Rheinberg/Westfalen
Alkoholgehalt	56 % vol
Preisklasse	30–35 DM

Gilka Kaiser-Kümmel
Der Kurze von Berlin

S eit 1992 ziert »Der Kurze von Berlin«, ein wohlgenährter und majestätisch dreinblickender Pinguin, das Etikett der alten Kümmelmarke Gilka. Er erinnert mit seiner Pickelhaube, dem Monokel und den Generalstreifen an die preußische Tradition und weist auf den frischen und kühlen Genuss des Gilka Kaiser-Kümmel hin.

Die Marke

Im Jahre 1836 gründete Carl Joseph Aloys Gilka das Unternehmen J. A. Gilka, um Kümmel und andere Liköre herzustellen. Das Stammhaus des Betriebs stand in Berlin. Die Firma erwies sich schnell als äußerst erfolgreich und wurde schließlich zum Hoflieferanten des Prinzen Friedrich Carl von Preußen ernannt. Gilka war nach kurzer Zeit einer der führenden Spirituosenhersteller Berlins und zeigte insbesondere in Preußen starke Präsenz. Noch bis über die Kaiserzeit hinaus war Kümmel aus dem gesellschaftlichen Leben nicht wegzudenken und der kleine Schluck Kümmel das beliebteste Getränk der Damen.

Nach der Beschlagnahme der im Ostsektor Berlins gelegenen Firma im Jahre 1948 setzte Dr. Gerhart Gilka die Tradition des Familienunternehmens in Hamburg fort. 1973 erwarb das Haus Underberg die Firma und verlegte den Sitz nach Essen-Kettwig. Im Jahre 1979 schließlich kehrte man mit der Produktion wieder nach Berlin zurück. Bis heute ist Gilka die mit großem Abstand führende und bekannteste Kümmellikörmarke. Der nur leicht gesüßte Gilka Kaiser-Kümmel wird durch doppelte Destillation von Kümmelsamen hergestellt und ist innerhalb der Kümmelprodukte zwischen Aquavit und Allasch (Allasch, ein ursprünglich in der Nähe von Riga/Lettland hergestellter, stark gesüßter Kümmellikör) einzureihen. Außer Kümmel, Alkohol, Zucker und Wasser enthält der wasserklare Gilka Kaiser-Kümmel nur noch Gewürzzusätze zur Abrundung.

Auf die große Zeit und den großen Namen weisen die zahlreichen auf dem Etikett abgebildeten Medaillen hin. Bereits 1844 erhielt man bei der Industrieausstellung in Berlin die erste Auszeichnung und weitere folgten bei vielen Präsentationen und internationalen Messen.

Der Pinguin, »Der Kurze von Berlin«, mit seiner preußischen Uniform steht stramm vor der Qualität des Likörs. Er ist das Symbol für die bekannteste Kümmellikörmarke Gilka.

Empfehlungen

Mit seinem kräftigen reinen Kümmelaroma empfiehlt sich Gilka zu delikaten und herzhaften Speisen.

Er wird wie folgt verwendet:

◆ stark gekühlt im Schnapsglas oder kleinen Schwenker als Digestif

◆ zum Kaffee und zum Bier

◆ on the rocks

 *Wissenswertes*

Gruppe	Kümmellikör/Gewürzlikör
Geschmacksrichtung	leicht süß, herzhaft und aromatisch
Zusammensetzung	Kümmelsamen, Alkohol, Zucker, geringe Gewürzzusätze
Herstellungsort	Berlin
Jahresabsatz	nicht bekannt
Inhaber	Underberg AG
Alkoholgehalt	38 % vol
Preisklasse	20 DM für 0,5 l

Hierbas
Tunel

Für Likörliebhaber gibt es Grund zur Erleichterung: Mallorca, die Hauptinsel der Balearen und Lieblingsinsel der Deutschen, ist auf der Landkarte der Likörliebhaber nicht länger ein weißer Fleck. Früher machte jeder Besucher spätestens bei der Abreise auf dem Flughafen von Palma Bekanntschaft mit der berühmtesten Spezialität der Insel, dem Kräuterlikör Hierbas Tunel. Dies war auch die letzte Gelegenheit, um sich mit diesem außergewöhnlichen Likör anzufreunden, denn außerhalb Mallorcas waren Hierbas schwer zu finden. Die steigende Nachfrage bewog die Herstellerfirma von Tunel zum Export auf die wichtigsten europäischen Märkte und seit 1997 gibt es Hierbas Tunel auch in Deutschland zu kaufen.

Die Marke

Seit Jahrhunderten wird auf Mallorca die Kunst gepflegt, aus Kräutern und feinen Essenzen diese außergewöhnlichen Liköre herzustellen. Sie wurden unter dem Namen Hierbas Mallorquinas berühmt und zählen heute zu den bekanntesten Likören Spaniens. Diese Mischungen aus aromatischen und verdauungsfördernden Kräutern wurden schon in alter Zeit als wohltuende Kräuterliköre angepriesen.

Die bekannteste Marke, die Hierbas Tunel, wird seit 1898 nach traditionellen handwerklichen Verfahren hergestellt. Der Likör verdankt einer Komposition aus Wildkräutern von den Feldern und Bergen Mallorcas seinen anregenden und extravaganten Geschmack. Er ist der beliebteste Hierbas der Balearen und die meistverkaufte Spirituose am Flughafen Mallorcas.

Hierbas Tunel ist ein Kräuterlikör auf Anisbasis mit Wildkräutern wie Rosmarin, Minze und Myrte. Zusätzlich werden jeder Flasche Zweige von Kräutern beigegeben. Hierbas Tunel wird auf Mallorca in unterschiedlichen Süßegraden und Alkoholstärken angeboten. Der etwas herbere Secas weist 40 % vol auf, der nach

Deutschland exportierte Mezcladas (steht für Mischung) hat 30 % vol.

Weitere Produkte
In Deutschland keine. Auf Mallorca wird Hierbas Tunel in verschiedenen Süßegraden und Alkoholstärken angeboten.

Der pure Genuss von Hierbas Tunel hat auf Mallorca schon lange Tradition. Bei uns ist dieser Kräuterlikör erst seit wenigen Jahren bekannt.

Empfehlungen
Ob leicht gekühlt oder on the rocks – Hierbas Tunel ist ein idealer Digestif.
Er wird wie folgt verwendet:
◆ leicht gekühlt im Likörglas
◆ on the rocks

 *Wissenswertes*

Gruppe	Kräuterlikör
Geschmacksrichtung	mild-süß, nach Anis mit Kräuternote
Zusammensetzung	Anissamen, Kräuterextrakte, Alkohol, Zucker
Herstellungsort	Bunyola auf Mallorca, Balearen/Spanien
Jahresabsatz	nicht bekannt
Inhaber	Antonio Nadal S. A.
Alkoholgehalt	30 % vol
Preisklasse	20–25 DM

Anisette
Marie Brizard

D ie Geschichte des Unternehmens Marie Brizard beginnt mit einer tatkräftigen jungen Frau. Marie Brizard wurde 1714 in Bordeaux geboren und wuchs als ältestes von 15 Kindern unter einfachen Verhältnissen auf. Sie heiratete nicht, wurde Stiftsfräulein und arbeitete in der Krankenpflege. Zu dieser Zeit hatte sich Bordeaux zum führenden Hafen Frankreichs entwickelt, und der Handel mit den Kolonien lief größtenteils über diese Stadt. So kamen nicht nur exotische Waren, Gewürze und Zucker an die Garonne, sondern auch Krankheiten. Um 1730 pflegte die junge Marie einen Matrosen und erhielt von ihm als Dank das Rezept eines Heilelixiers. Aus diesem entwickelte sich der Anisette, der zum Grundstein des heute weltbekannten Unternehmens wurde.

Die Marke

Die steigende Nachfrage bewog Marie Brizard im Jahre 1755 zur Gründung einer Firma. Unterstützt wurde sie dabei von ihrem Neffen Jean-Baptiste Roger, dessen Nachkommen heute in der achten Generation das Unternehmen leiten. Bis heute wird der Anisette nach dem alten Rezept hergestellt und ist nach wie vor die Hauptmarke der Firma und eine der größten Likörmarken Frankreichs.

Die Firma benötigt jährlich etwa 350 Tonnen Anis für ihren Anisette. Hinzu kommen weitere zwölf Pflanzen und Gewürze wie Dill, Fenchel, Iris und Schalen von Zitrusfrüchten. Aus diesen natürlichen Grundstoffen werden in getrennten Verfahren durch Destillation oder Auslaugung die aromatischen Essenzen gewonnen. Die dann folgende Komposition ergibt das Herzstück des Anisette. Dann werden Zucker, Wasser und Alkohol zugefügt, wobei der Zucker sowohl für Samtigkeit sorgt als auch die Aromen unterstützt. Auf die gründliche

Vermischung folgt feinstes Filtern, das dem Anisette seine Brillanz verleiht.

Weitere Produkte
Unter den 21 in Deutschland angebotenen Likören finden sich so altbekannte Klassiker wie Crème de Menthe weiß und Peppermint

Die körperlich anstrengende und mühsame Arbeit in der Fabrik vergangener Tage wird heute größtenteils von Maschinen ausgeführt.

grün (beide 25 % vol) sowie die Novität Vanille de Madagascar (20 % vol). Weitere Sorten werden unter den Stichworten Watermelon (s. S. 34), Peach (s. S. 150), Triple Sec (s. S. 104), Chocolat Royal (s. S. 192) und Charleston Follies (s. S. 124) beschrieben.

Empfehlungen
Marie Brizard Anisette ist ein ausgezeichneter Digestif und durch seine Anisöle verdauungsfördernd.
Er wird wie folgt verwendet:
◆ leicht gekühlt im Likörglas oder Schwenker als Digestif
◆ on the rocks
◆ zum Kaffee oder im Kaffee

 *Wissenswertes*

Gruppe	Anislikör/Gewürzlikör
Geschmacksrichtung	verhalten süß, stark nach Anis schmeckend
Zusammensetzung	Anisdestillat, Gewürzextrakte, Zucker, Alkohol
Herstellungsort	Bordeaux/Frankreich
Jahresabsatz	Gesamtsortiment weltweit ca. 14 Mio. Flaschen
Inhaber	Marie Brizard et Roger International, Bordeaux
Alkoholgehalt	25 % vol
Preisklasse	23–25 DM

Galliano
Liquore

Unter den internationalen (Mix-)Likören nimmt der Galliano – nicht nur wegen seiner überlangen Flasche – eine herausragende Stellung ein. Die extravagante Flasche ist in jeder Bar ein Blickfang und zwingt Hobby- und Profimixer zur Suche nach einem geeigneten Platz.

Die Marke

Die Komposition des Galliano stammt von Arturo Vaccari, einem toskanischen Weinbrenner und Wegbereiter der modernen Destillationsverfahren. Er kreierte 1896 in Livorno den goldgelben Likör und benannte ihn nach Giuseppe Galliano, einem berühmten italienischen Kriegshelden. Dieser hielt im Abessinienkrieg 1885/86 mit seinen Soldaten 44 Tage einer überlegenen Streitmacht Kaiser Meneliks stand und beendete dadurch den Krieg. Bis in die achtziger Jahre war das damals umkämpfte Fort Enda Jesus auf den Etiketten abgebildet.

Galliano besteht aus bis zu 70 verschiedenen Kräutern, Wurzeln, Samen, Rinden und weiteren aromatischen Beigaben. Für die Kräuteressenz werden diese in fünf Gruppen zusammengestellt und destilliert. Nach etwa drei Monaten werden sie gemischt, es kommen Alkohol, Zucker und Safran für die Farbe dazu, und es folgt eine weitere Reifezeit. Vorherrschend in Geschmack und Aroma sind eine Spur Anis und vor allem Vanille. Dies machte Galliano zu einem Mixlikör ersten Ranges, führte aber dazu, dass Galliano selten pur getrunken wird. Wie dem auch sei, Galliano ist Bestandteil vieler weltbekannter Drinks, und »langweilige« Drinks wie z. B. der Screw Driver (Wodka mit Orangensaft) wurden durch einen Schuss Galliano (zum Harvey Wallbanger) weltberühmt.

Weitere Produkte

Außer dem Galliano werden nach Arturo Vaccaris Rezepten ein Sambuca und ein Amaretto hergestellt. Beide zählen zweifelsfrei zu den Topqualitäten ihrer Kategorie. Wie das Original wurden sie lange Zeit in der galliano-

typischen Flasche angeboten, sind seit einigen Jahren aber in einer kleineren und gedrungeneren Flasche auf dem Markt.

Galliano Hot Shot

3 cl Galliano
3 cl schwarzer Kaffee
leicht geschlagene Sahne
In ein kleines Glas den Galliano geben und darauf langsam und vorsichtig den Kaffee gießen. Die Sahne als Haube darauf setzen.

Empfehlungen

Galliano ist einer der anpassungsfähigsten Liköre, und sein Aroma trägt jeden Drink.

Er wird wie folgt verwendet:
◆ selten pur, wenn doch, dann leicht gekühlt
◆ on the rocks
◆ als Longdrink mit Eiswürfeln und Wodka und Orangensaft
◆ zum Mixen von Cocktails und Mixgetränken jeder Art, für Drinks mit Sahne, mit Spirituosen, anderen Likören, mit Fruchtsäften und auch vielfach mit Kaffee.

Wissenswertes

Gruppe	Kräuter- und Gewürzlikör
Geschmacksrichtung	fein-süß, mit starkem Vanilleton
Zusammensetzung	Kräuterauszüge, Alkohol, Zucker
Herstellungsort	Solaro bei Mailand/Italien
Jahresabsatz	nicht bekannt
Inhaber	Distilleria Riunite di Liquori (D.R.L.) S. p. A. Solaro/Italien
Alkoholgehalt	30 % vol
Preisklasse	35 DM

Arquebuse
de l' Hermitage

S eit 1857 wird der Kräutergeist Arquebuse de l' Hermitage kommerziell vermarktet. Die Rezeptur des kräftigen, schmackhaften und äußerst gesunden Getränks entstammt dem im Rhonetal gelegenen Kloster Hermitage, in dem eines Tages ein kräuterkundiger und erfindungsreicher Mönch von der Bruderschaft der Maristen den Arquebuse entwickelte.

Die Marke
Die Likörfirma Cherry Rocher, eine der ältesten Destillerien Frankreichs, wurde 1705, vor fast 200 Jahren, im Herzen der Dauphiné, in La Côte Saint André, von Barthélémy Rocher gegründet. Seither wird das Unternehmen, mittlerweile in der achten Generation, von der Familie betrieben. Die Destillerie und die Mazerationskeller befinden sich bis zum heutigen Tag am selben Ort, und nur wenige Kilometer entfernt, in Bourgoin, befindet sich die Firmenzentrale mit weiteren Produktionsanlagen.

Cherry Rocher ist Produzent einer Reihe von Fruchtlikören und außerdem für seine köstlichen in Alkohol eingelegten Früchte bekannt. Das berühmteste Produkt des Unternehmens ist jedoch der Arquebuse. Dieses wasserhelle Kräuterelixier wurde wie alle Kräutergetränke ursprünglich als Heilmittel entwickelt, und erst später erfolgte die kommerzielle Vermarktung. Vom geheimen Rezept ist nur bekannt, dass Auszüge aus 33 verschiedenen Kräutern seine Grundlage bilden. Diese sind stark konzentriert enthalten und sorgen für den unverwechselbaren kräftigen und intensiven Geschmack. Obgleich Arquebuse keinen Zucker enthält und somit kein Likör ist, wird er wegen seiner Nähe zu den Klosterlikören in diesem Buch mit aufgeführt.

Weitere Produkte
Von dem Unternehmen Cherry Rocher wird lediglich ein einziges Getränk auf dem deutschen Markt angeboten, nämlich der Arquebuse de l' Hermitage.

Erst der Ausbau des Transportwesens ermöglichte die Verbreitung und den Verkauf von Waren in andere Regionen; so wie hier die Verbindung zwischen dem oberen Rhonetal mit Domodossola, die 1800—1805 auf Befehl Napoleons I. angelegt wurde.

Empfehlungen

Arquebuse ist zuckerfrei. Er schmeckt kräftig und intensiv nach Kräutern, fördert die Verdauung und das Wohlbefinden.
Er wird wie folgt verwendet:

◆ pur im Likörglas bei Magenproblemen
◆ in einem Glas kaltem Wasser
◆ mit heißem Wasser und Honig
◆ auf einen Würfelzucker geträufelt

Wissenswertes

Gruppe	Kräuterspezialität, Kräutergeist
Geschmacksrichtung	intensiv nach Kräutern, kräftig und herb
Zusammensetzung	Extrakte aus 33 Kräutern und Alkohol
Herstellungsort	Bourgoin, nahe Lyon/Frankreich
Jahresabsatz	nicht bekannt
Inhaber	Cherry Rocher/Bourgoin
Alkoholgehalt	43 % vol
Preisklasse	35 DM

Strega

W ill man der Legende glauben, dann waren es schöne Mädchen, die als Hexen (Hexe heißt in Italienisch: Strega) verkleidet ein magisches Getränk – den Strega – erfanden. Bis zum heutigen Tag sagt man dem Strega nach, dass, wenn ein Pärchen gemeinsam Strega trinkt, sie für immer vereint bleiben.

Die Marke
Liquore Strega ist einer der bekanntesten Kräuterliköre Italiens. Auf dem Etikett finden sich bis heute in Anlehnung an die alte Legende eine Hexe mit Besen und Eule sowie junge Hexen, die mit bocksfüßigen Waldgöttern unter einem Baum tanzen. 50 Kilometer nordöstlich von Neapel liegt inmitten des Appenino Napoletano das Städtchen Benevento, die Heimat von Giuseppe Alberti, dem Erfinder des Liquore Strega. Ursprünglich war Alberti ein Weinhändler, der hauptsächlich nach Norditalien und Frankreich verkaufte.

Um 1880 erschwerten Handelshemmnisse zwischen Frankreich und dem neuen Königreich Italien das Exportgeschäft, ja, machten es zeitweise unmöglich. Aus diesem Grund begann Alberti den Liquore Strega zu forcieren, dessen Produktion bis dahin nicht viel mehr als ein Hobby für ihn gewesen war. Mit großem Talent und Können komponierte er aus rund 70 Kräutern und Gewürzen den Strega, und um die Jahrhundertwende war Strega bereits ein großer Erfolg in Italien. Nur natürliche Zutaten werden für ihn verwendet, und rund sechs Monate beträgt die Reifezeit in Eichenholzfässern, bevor Strega verkauft wird. Die leuchtend gelbe Farbe verdankt Strega dem Safran. Unter den internationalen Likören Italiens ist er heute eine der bekanntesten Marken und in über 60 Ländern der Erde zu finden.

Weitere Produkte
Außer dem Liquore Strega wird von der traditionsreichen Destillerie nur noch Sambuca di Strega produziert.

Strega Sun Witch

4 cl Strega
2 cl Crème de Cacao weiß
4 cl Sahne
4 cl Ananassaft
4 cl Orangensaft

Im Shaker mit Eiswürfeln kräftig
schütteln und in ein Longdrinkglas auf Eiswürfel abgießen.

Strega Daiquiri

4 cl Strega
2 cl weißer Rum
2 cl Zitronensaft
2 cl Orangensaft

Im Shaker mit Eiswürfeln
kräftig schütteln und in
eine Cocktailschale
abgießen.

Empfehlungen

Unergründlich ist der interessante Geschmack des Hexenlikörs Strega.
Er wird gerne pur und zur Verdauungsförderung getrunken.
So wird er verwendet:

- ◆ leicht gekühlt im Likörglas oder Schwenker
- ◆ on the rocks
- ◆ als Longdrink mit Eiswürfeln und Orangensaft oder anderen
  Fruchtsäften
- ◆ als Geschmacksgeber und Grundlage beim Mixen von Cocktails
  und Longdrinks

Wissenswertes

Gruppe	Kräuterlikör
Geschmacksrichtung	mild, aromatisch und herb-süß
Zusammensetzung	rund 70 Kräuter, Alkohol, Zucker und Safran zur Färbung
Herstellungsort	Benevento/Italien
Jahresabsatz	nicht bekannt
Inhaber	Distilleria Liquore Strega S. A., Benevento/Italien
Alkoholgehalt	40 % vol
Preisklasse	35 DM

Becherovka
Carlsbad

D ie Heimat der goldgelben Kräuterlikörspezialität Becherovka ist der bekannte Kur- und Heilort Karlsbad in Böh-
men. Becherovka ist neben dem Pilsener Bier das berühmteste
Getränk des Landes.

Die Marke

Becherovka wurde als Magenmedizin von dem
Apotheker Johann Becher nach einer Rezeptur
des englischen Kurarztes Dr. Frobrig im Jahre 1805
erstmals hergestellt. Die große Nachfrage veran-
lasste Johann Becher ab 1807 zur Herstellung des
Karlsbader Becher-Bitter in größerem Umfang. Die
Marke etablierte sich und wurde durch die zahlreichen Kurgäste auch international bekannt.
Nach dem Zweiten Weltkrieg wurde das
bis dahin im Familienbesitz verbliebene
Unternehmen enteignet, und die
neuen Machthaber verschafften sich
Zugang zum Produktionsverfahren
und dem Geheimrezept.
Frau Hedda Baier, eine geborene Becher, war ebenfalls im Besitz der Rezeptur, und es gelang ihr, diese mit in
den Westen zu bringen. Das führte
dazu, dass nach 1945 das tschechische
Unternehmen Jan Becher und ab 1949
auch die Erben in Westdeutschland
nach dem Originalrezept produzierten. 1971 trat die Underberg AG als
Partner in die westdeutsche Firma
Johann Becher ein und übernahm 1981
alle Anteile. 1985 kam ein Abkommen
zwischen den beiden Unternehmen
zustande.
In der Folge stellte man in Deutschland
die Produktion ein und ließ in Karlsbad
produzieren. Als nach Öffnung der
Grenzen eine neue Situation entstanden war und mit dem Karlsbader Unternehmen keine Einigung erzielt werden konnte, nahm man in Deutschland
die Produktion wieder auf. 1997 wurde

Reklame in den zwanziger Jahren: Junge Damen werben mit dem Namen Becher für den beliebten Kräuterlikör.

das staatliche tschechische Unternehmen privatisiert, und der französische Spirituosen-multi Pernod Ricard wurde Teilhaber an der neuen Firma. Die Underberg AG, des ewigen Streits müde, verkaufte ihre Rechte an das neue Unternehmen. So gibt es nun wieder nur den in Karlsbad hergestellten Becherovka. Bis heute wird er nach dem einst umstrittenen Geheimrezept hergestellt. Grundlage der Rezeptur sind Kräuterextrakte in unbekannter Zusammensetzung. Diese werden mit Alkohol und Zucker gemischt und mehrere Monate in Eichenholzfässern zur Reifung gelagert.

Empfehlungen

Der golden-klare Becherovka überzeugt mit seinem würzigen und interessanten Geschmack.

Er wird wie folgt verwendet:

◆ gekühlt oder eisgekühlt im Schnapsglas zum Bier oder als verdauungsfördernder Digestif
◆ on the rocks
◆ als Longdrink mit Eiswürfeln und Tonic Water oder Bitter Lemon

 *Wissenswertes*

Gruppe	Kräuterlikör
Geschmacksrichtung	würzig, mild-süß
Zusammensetzung	Kräuter- und Gewürzextrakte, Alkohol, Zucker
Herstellungsort	Karlsbad/Tschechien
Jahresabsatz	etwa 5 Mio. Flaschen
Inhaber	Jan Becher, Karlovarska Becherovka a. s., Karlsbad
Alkoholgehalt	38 % vol
Preisklasse	20 DM

Bitterlikör
die bitter-süße Medizin

Bitterliköre sind Kräuter- und Gewürzliköre mit einer besonderen Note. Sie sind ausnahmslos tiefdunkel bis schwarz und allen Marken sagt man eine magenanregende und verdauungsfördernde Wirkung nach. Bitterspirituosen und Bitterliköre trennt nur der Zuckeranteil, und ihre geschmacklichen Unterschiede sind beträchtlich.

Der Ursprung
Für viele der großen Bittermarken zeichneten Ärzte und Apotheker verantwortlich. Während manche Klassiker unter den Kräuter- und Gewürzlikören bereits im Mittelalter von heilkundigen Klosterbrüdern entwickelt wurden, sind die meisten Bitterliköre und -spirituosen neueren Datums. Besonders in Italien und Deutschland wurden ab der Mitte des 19. Jahrhunderts viele Marken entwickelt. In alter Zeit war hauptsächlich die Suche nach Heilgetränken der Anlass ihrer Entstehung, und bis heute ist der gesundheitliche Aspekt einer der Gründe, warum sich die süß-würzigen bis herb-bitteren Getränke so großer Beliebtheit erfreuen. Eine wohltuende Wirkung kann man den Bitteren nicht absprechen, denn allen Zutaten werden bekömmliche Eigenschaften nachgesagt.

Etwas verwirrend sind die vielfältigen Bezeichnungen der einzelnen Marken als Bitterspirituose, Bitterlikör, Alpenbitter, Magenbitter, Kräuterspezialität, Kräuterbitter, Kräuterlikör oder Kräuterhalbbitter. Einen Anhaltspunkt gibt jedoch der Zuckergehalt. Im Unterschied zu einer Bitterspirituose muss ein Bitterlikör mindestens 100 Gramm Zucker pro Liter aufweisen. Nach EU-Recht sind Bitter Spirituosen (auch Liköre gelten als Spirituosen) mit vorherrschend bitterem Geschmack, die durch das Aromatisieren von Neutralalkohol mit natürlichen und/oder naturidentischen Aromastoffen oder -extrakten gewonnen werden. Neben der Anzahl und Menge der verwendeten Kräuter, Früchte, Beeren, Blüten, Samen, Wurzeln, Rinden usw. ist für die »Bitteren« vor allem das Herstellungsverfahren entscheidend.

Beim Brennen von Alkohol-Wasser-Gemischen mit Pflanzenanteilen erhält man Auszüge, die zu Likör weiterverarbeitet werden.

Die Herstellung
Die meisten Bitteren werden heute auf dem Wege der Mazeration (Kaltauszug) hergestellt. Dazu werden

Der weltweit bekannteste Kräuterlikör, der Jägermeister aus Wolfenbüttel in Niedersachsen, reift vor der Flaschenabfüllung zwölf Monate in riesigen Eichenholzfässern.

die Bestandteile mit Neutralalkohol angesetzt und einer mehrwöchigen Extraktion überlassen. Der Alkohol sättigt sich dabei mit Aroma- und Extraktstoffen. Bei der Digestion wird ein Heißauszug der Aromastoffe mit Neutralalkohol vorgenommen. Man erreicht dabei schneller ein ähnliches Ergebnis als bei der Mazeration. Auch bei der Perkulation werden die zerkleinerten Rohstoffe mit Neutralalkohol angesetzt. In einem speziellen Behälter (Perkulator) wird ständig von oben Alkohol zugegeben, der langsam nach unten fließt, sodass sich der Alkohol allmählich mit den Extraktstoffen sättigt.

Ein weiteres Verfahren ist die Destillation. Dabei wird durch Erhitzen von Alkohol-Wasser-Gemischen mit Pflanzenteilen eine besonders feine und reintönige Rohspirituose gewonnen. Diese in den vier möglichen Verfahrensweisen gewonnenen Extrakte werden dann mit Alkohol, Wasser, Zucker und Zuckerkulör (für die Farbe) zum Endprodukt verarbeitet.

Die Verwendung

Bitterliköre trinkt man ungekühlt bis stark gekühlt pur und meist nach dem Essen. Manche Marken eignen sich als Aperitif mit Sodawasser zum Genuss am Nachmittag, manche haben einen überwiegen-

Nur die Auswahl und Weiterverarbeitung der Gewürze und Kräuter unterscheidet Bitterliköre von der Gruppe der Gewürz- und Kräuterlikören.

den Digestifcharakter. Bitterliköre passen bestens zum Bier und immer zum Kaffee. Bei den nachfolgend beschriebenen Marken findet sich jeweils ein Hinweis auf die bevorzugte Trinkweise.

Quintessentia
Amaro Nonino

Wenn man Nonino hört, denkt der versierte Genießer an Grappa, und umgekehrt verhält es sich ebenso. Nonino in Percoto nahe Udine im Friaul steht für unglaubliche Grappa-qualitäten und für zahlreiche Innovationen rund um die Destillation. Gegründet wurde das heute führende Unternehmen von Orazio Nonino im Jahre 1897. Die Firmengründung erfolgte dadurch, dass die Brennerei, die bis dahin nur in Form eines fahrbaren Destillierkolbens auf vier Rädern bestanden hatte, sesshaft wurde. 1929 erfolgte dann schließlich der Umzug in die heutigen Gebäude. Im letzten Drittel des 20. Jahrhunderts, der Zeit, in der sich Grappa zum Edeldestillat entwickelte, schuf man bei Nonino so manche Highlights in der Kunst der Destillation. So stellte man 1973 erstmals Grappa aus nur einer Rebsorte her, 1974 präsentierte man den legendären Grappa Picolit, und 1984 waren alle Hürden beseitigt, um die Novität Acquavite d' Uva – bei Nonino ÙE genannt – herstellen zu können. Dieses erste sortenreine Traubendestillat wurde 1987 erstmals produziert und 1992 nach fünfjähriger Reifung angeboten. Des Weiteren wurde vor einigen Jahren mit der Produktion außergewöhnlicher Obstbrände begonnen.

Die Marke

Der Ursprung des Amaro Nonino geht zurück auf Antonio Nonino, einen Enkel des Firmengründers. Er bereitete erstmals um 1933 Amaro auf der Grundlage von Grappa und Alpenkräutern. Der heutige Quintessentia wurde 1992 geschaffen. Er besteht aus Kräuteraufgüssen, die außer mit Neutralalkohol auch mit dem legendären Traubenbrand ÙE angesetzt werden.

Der Nonino Quintessentia ist mit seiner interessanten Kräuterkomposition und nicht zuletzt durch die Verwendung von ÙE als Amaro einer der exklusivsten seiner Art. Alle Komponenten sind ausgewogen, und sein Charakter erlaubt eine weit über den Magenbitter hinausgehende Verwendung.

Die italienische Region Friaul liegt an den Südhängen der Alpen. Dort wachsen die Alpenkräuter, die für die Herstellung des Amaro Nonino verwendet werden.

Weitere Produkte
Nonino bietet Grappa in großer Sortenvielfalt sowie den Traubenbrand Acquavite d'Uva (ÜE) und ebenfalls außergewöhliche Obstbrände an.

Empfehlungen
Nonino Quintessentia ist ein Spitzenprodukt der Destillierkunst und mit seinen Geschmackskomponenten ein klassischer italienischer Amaro.
Er wird wie folgt verwendet:
◆ ungekühlt oder leicht gekühlt als Digestif, zum Bier und zum Kaffee
◆ on the rocks

 *Wissenswertes*

Gruppe	Bitterlikör
Geschmacksrichtung	würzig und harmonisch, süß-bitter
Zusammensetzung	Acquadente d'Uva, Neutralalkohol, Kräuterextrakte, Zucker
Herstellungsort	Percoto, Udine/Italien
Jahresabsatz	nicht bekannt
Inhaber	Nonino Distillatori S. p. A., Percoto
Alkoholgehalt	35 % vol
Preisklasse	32–35 DM

Spezialkräuter
Lantenhammer

Ein in den letzten Jahren viel beachtetes Unternehmen ist die in Schliersee in den bayerischen Voralpen ansässige Destillerie Lantenhammer. Der 1928 gegründete Familienbetrieb erfuhr nach dem Eintritt von Florian Stetter im Jahr 1988 einen Bekanntheitsgrad, der heute die gesamte gehobene Gastronomie einschließt. Ursache des außerordentlich hohen Erfolgs waren die Reihe der 1991 vorgestellten Edelobstbrände und nicht zuletzt auch die seit 1996 angebotenen Fruchtbrandliköre.

Die Marke

Die neueste Kreation des innovativen Destillateurmeisters Florian Stetter war der im Frühjahr 2000 vorgestellte Spezialkräuter. Eine Besonderheit dieses Halbbitters ist, dass außer Neutralalkohol auch ein rarer Vogelbeerbrand eingesetzt wird.

Die Zusammensetzung der Extraktstoffe wird natürlich geheim gehalten, und nur die Zutaten Enzianwurzel, Angelikawurzel, Pomeranzen und süße Orangenschalen gibt Florian Stetter preis. Der Spezialkräuter ist fein ausgewogen, würzig-aromatisch und trotz seines hohen Alkoholgehalts erstaunlich mild.

Weitere Produkte

Von Lantenhammer werden auch Fruchtbrand-Liqueure (s. S. 22) und Edelobstbrände hergestellt. Diese Brände der absoluten Spitzenqualität begeistern durch Aromafülle und natürliche Milde. Angeboten werden Williamsbirne, Waldhimbeergeist, Vogelbeerbrand, Mirabellenbrand, Waldkirschbrand, Schlehengeist, Waldbrombeergeist, Sauerkirschbrand, Quittenbrand, Marillenbrand (Aprikose) und als Novität ein naturtrüber Williamsbrand.

Die Welt der edlen Destillate und feinen Liköre können Sie in der Destillerie Lantenhammer erleben. Es gibt Führungen durch die Brennerei mit Erklärungen und anschließender Verkostung.

Typisch bayerisch präsentiert sich das Ladengeschäft in Schliersee, wo neben dem Spezialkräuterlikör auch Liköre und andere Spirituosen aus der Destillerie Lantenhammer feilgeboten werden.

Empfehlungen

Der Spezialkräuter ist wie alle Lantenhammer-Produkte von höchster Qualität und eine Bereicherung im Kreis der Halbbitterliköre.
Er wird wie folgt verwendet:

◆ ungekühlt oder leicht gekühlt im Likörglas als Digestif
◆ ungekühlt zum Kaffee, leicht gekühlt zum Bier
◆ on the rocks

Wissenswertes

Gruppe	Halbbitterlikör
Geschmacksrichtung	würzig-aromatisch, bitter-süß, sehr harmonisch
Zusammensetzung	Vogelbeerbrand, Neutralalkohol, Kräuter- und Gewürzextrakte, Zucker
Herstellungsort	Schliersee, Bayern
Jahresabsatz	nicht bekannt
Inhaber	Josef Lantenhammer OHG, Inhaber Fam. Stetter
Alkoholgehalt	38 % vol
Preisklasse	30 DM

Averna
Amaro Siciliano

D er große Averna aus Sizilien ist zugleich eine der größten Bitterlikörmarken Italiens und eine der wenigen, die seit Anbeginn in Familienbesitz ist.

Die Marke

Das Jahr 1868, eine Zeit, die noch maßgeblich von den Wirren der italienischen Vereinigung geprägt war, ist das Gründungsjahr von Fratelli Averna. Seit dieser Zeit wird in Caltanissetta, im Herzen Siziliens, der Amaro Averna produziert. Das bis heute geheime Rezept hatte Salvatore Averna von dem Kapuzinermönch Fra Girolamo aus dem benachbarten Kloster Santo Spirito anvertraut bekommen.

Maßgeblichen Anteil am enormen Erfolg des Averna hatte Salvatores Sohn Francesco. Er machte das Getränk auch außerhalb seiner Heimat erst richtig bekannt und entwarf auch das typische Etikett, welches nach leichten Modifikationen auch heute noch die Avernaflasche ziert.

Die nachfolgenden Generationen der Familie Averna konnten das Unternehmen in eine führende Position im italienischen Spirituosenmarkt führen und die Marke auch auf ausländischen Märkten etablieren.

Die dem Averna zugrunde liegende Kräutermischung besteht aus 60 verschiedenen Kräutern und Pflanzen. Diese werden entsprechend der geheimnisvollen Rezeptur zusammengestellt und anschließend für zwölf Stunden in Alkohol ausgelaugt. Das bei dieser Prozedur entstehende Kräuter-Alkohol-Gemisch wird mehrmals gefiltert und mit gebranntem Zucker versetzt. Bis zur Fertigstellung ruht und reift dieser Extrakt dann in riesigen Holzfässern.

Weitere Produkte

Keine; zum Unternehmen Fratelli Averna gehört allerdings im Friaul das Weingut Villa Frattina, das in Deutschland drei sortenreine Grappas und einen Acquavite d'Uva (Traubenbrand) anbietet.

Im 19. Jahrhundert kam Salvatore Averna in den Besitz der geheimen Rezeptur des Bitterlikörs.

Francesco, der Sohn von Salvatore Averna, machte den Bitterlikör weltbekannt.

Empfehlungen

Amaro Averna ist harmonisch süß-bitter, aromatisch und würzig.
Er wird wie folgt verwendet:
◆ gut gekühlt im Amaroglas
◆ on the rocks
◆ on the rocks mit einem Spritzer Zitronensaft

Wissenswertes

Gruppe	Bitterlikör
Geschmacksrichtung	süß-bitter
Zusammensetzung	Extrakte aus 60 Kräutern, Alkohol, Zucker
Herstellungsort	Caltanissetta, Sizilien/Italien
Jahresabsatz	über elf Mio. Flaschen
Inhaber	Fratelli Averna, Caltanissetta
Alkoholgehalt	32 % vol
Preisklasse	20 DM

Ramazzotti
Amaro

In Italien, dem klassischen Herkunftsland zahlreicher Bitterliköre, ist Ramazzotti eine der führenden Marken. Auch auf internationaler Ebene ist Ramazzotti nichts weniger als ein Synonym für italienischen Trinkgenuss, man schätzt und trinkt den milden Bitterlikör in über 50 Ländern der Erde.

Die Marke

Die Erfolgsgeschichte des berühmten Amaro Ramazzotti beginnt mit Ausano Ramazzotti. Er war Wein- und Spirituosenhändler in Mailand und experimentierte mit Kräuter- und Pflanzenauszügen, um auf diese Weise ein Rezept für einen Kräftigungs- und Verdauungstrank zu finden. Im Jahre 1815, das seither als Gründungsdatum gilt, konnte er endlich nach jahrelangem Experimentieren seinen Amaro vorstellen. Das geheime Familienrezept, nach dem der Likör bis heute produziert wird, beinhaltet die Substanzen von 33 verschiedenen Würzzutaten. Dazu kommen nur Alkohol und Zucker.

Als Ausano 1866 im Alter von 75 Jahren starb, übernahmen seine Nachfahren ein erfolgreiches und florierendes Unternehmen. Die steigende Nachfrage zwang 1874, 1956 und zuletzt 1971 zur Errichtung neuer und größerer Produktionsgebäude. Der heutige Betrieb befindet sich vor den Toren Mailands und ist einer der modernsten und leistungsfähigsten seiner Art in Europa.

Weitere Produkte

Außer der Hauptmarke, dem Amaro, werden vom Unternehmen Ramazzotti noch mehrere andere Liköre, darunter so populäre Sorten wie Sambuca und Amaretto, sowie der Grappa Fior di Vite und die Rebsorten-Grappa di Monovitigno hergestellt. Sambuca Ramazzotti, Grappa Fior di Vite und Chardonnay-, Riesling- und Moscato-Grappa werden auch in Deutschland angeboten.

Der Name Ramazzotti steht weltweit für italienischen Trinkgenuss. Der Betrieb gehört zur Groupe Pernod Ricard. Seinen Amaro vertreibt er in über 50 Ländern.

Empfehlungen

Amaro Ramazzotti wirkt mit seiner herben, erfrischenden Geschmacksnote anregend und bekömmlich.
Er wird wie folgt verwendet:
◆ leicht gekühlt im Amaroglas als Digestif
◆ on the rocks
◆ mit Eiswürfeln, Zitronenschale und Sodawasser

 *Wissenswertes*

Gruppe	Bitterlikör
Geschmacksrichtung	mild und angenehm herb
Zusammensetzung	33 Kräuter- und Pflanzenauszüge, Alkohol, Zucker
Herstellungsort	Mailand, Italien
Jahresabsatz	nicht bekannt
Inhaber	Groupe Pernod Ricard
Alkoholgehalt	30 % vol
Preisklasse	20 DM

BITTERLIKÖR

Fernet-Branca

Fernet-Branca ist der Original-Fernet und Italiens größte Digestif-Bittermarke. Zahlreiche andere Firmen bieten ebenfalls Fernet an, doch die Bekanntheit dieser Erzeugnisse beschränkt sich meist auf Italien.

Die Marke

Bei allen Bittermarken ist das Geheimnis um die Rezeptur das größte Kapital. So auch bei Fratelli Branca. Da die Bezeichnung Fernet als Gattungsbegriff angesehen wird, versuchten und versuchen viele am Erfolg des Originals teilzuhaben. Darunter finden sich Produkte, die dem Original in der Qualität nicht nachstehen, jedoch damit leben müssen, dass sie die Originalrezeptur nicht kennen und nur der »nachgemachte« sind. Der echte Fernet-Branca wurde 1845 von einem italienischen Arzt, dem Dottore Fernet entwickelt. Auch er war auf der Suche nach einem gesunden Getränk, das Leiden lindern konnte.

Für den Fernet-Branca werden rund 40 Kräuter- und Pflanzenauszüge, denen man einen gesundheitlichen Aspekt zuspricht, mit Alkohol destilliert und anschließend über ein Jahr in Eichenholzfässern zur Reifung gelagert. Der Fernet vom Dottore war äußerst erfolgreich und wurde bald im großen Stil hergestellt. 1885 trat die Familie Branca als Teilhaber ein, man nannte die Marke nun Fernet-Branca, und die internationale Vermarktung begann. Bereits um die Jahrhundertwende wurden Auslandsniederlassungen eröffnet, und bald war Fernet-Branca eine international bekannte Marke. Die berühmte Werbung mit dem Adler wurde 1906 eingeführt, und alte Plakate, Schilder und Medaillen füllen heute ein ganzes Museum im Mailänder Stammhaus.

Ein jüngeres Produkt ist der Branca Menta. Dieser hat zusätzlich zur Original-Kräuterbasis einen großen Minzeanteil und außerdem einen geringeren Alkoholgehalt.

Branca Menta wird speziell für den italienischen Markt etwas süßer – als Likör – und weniger bitter hergestellt. Beide Marken sind deshalb bei den Likören miterwähnt, aber auch, weil sie unter den pur getrunkenen italienischen

Bittern die führende Marke sind. Beide Marken sind international sehr erfolgreich und in über 100 Ländern der Erde zu finden. Der größte Markt außerhalb Italiens ist Deutschland, und beide Marken sind bei uns seit langem fest etabliert.

Weitere Produkte
Zum Unternehmen Fratelli Branca gehören neben dem legendärem Fernet-Branca die berühmte Vermouth-Marke Carpano, Grappa Candolini und, last but not least, das Weingut Villa Branca in der Toskana.

Der Fernet-Branca erreichte mit seiner Werbung mit dem Adler bereits zu Beginn des vergangenen Jahrhunderts einen großen Bekanntheitsgrad. Besonders gern wird er – wie hier in den Sechzigern – ungekühlt nach dem Essen getrunken.

Empfehlungen
Beide Marken sind ideale Digestifs, aromatisch, stark und bekömmlich.
Sie werden wie folgt verwendet:
- leicht gekühlt oder ungekühlt als Digestif
- on the rocks oder auf gestoßenem Eis
- als Coretto im Espresso

Wissenswertes

Gruppe	Magenbitter/Bitterlikör
Geschmacksrichtung	stark bitter, der Menta mit besonderer Pfefferminznote
Zusammensetzung	40 Kräuter und Pflanzen, Alkohol, Zucker
Herstellungsort	Mailand/Italien
Jahresabsatz	26 Mio. Flaschen
Inhaber	Fratelli Branca, Distillerie S. p. A., Mailand, Italien
Alkoholgehalt	Fernet Branca 42 % vol, Branca Menta 40 % vol
Preisklasse	20 DM

Jägermeister
Kräuterlikör

I ch trinke Jägermeister, weil …« − ja warum? Wahrscheinlich, weil er bekannt ist, es ihn überall gibt, weil er herzhaft ist oder einfach weil er schmeckt.

Die Marke

Die Firma W. Mast in Wolfenbüttel/Niedersachsen, die heutige Mast-Jägermeister AG, wurde 1878 gegründet. Das zehnte Kind des Gründers Wilhelm Mast, Curt Mast, änderte Mitte der zwanziger Jahre die Zielrichtung der Firma auf die Herstellung von Spirituosen. 1934 entwickelte Curt Mast dann das Rezept des Jägermeisters, den er 1935 auf den Markt brachte. Doch die ganz große Erfolgsstory des Likörs begann nach dem Zweiten Weltkrieg. Sie hängt eng mit der originellen, immer ihrer Zeit vorauseilenden Werbung zusammen.

Von Anbeginn der Fußballbundesliga im Jahre 1963 war Jägermeister in den Stadien mit Bandenwerbung präsent und erlangte damit bei der Fußball-WM 1970 seinen großen Durchbruch. Drei Jahre später trug als erster Bundesligaverein Eintracht Braunschweig mit dem Hubertushirschen ein Werbeemblem auf dem Trikot. Der Deutsche Fußballbund lief damals Sturm gegen diese »Sünde wider den Sport« – und heute ist Profisport ohne Trikotwerbung nicht mehr denkbar. Im selben Jahr wurde eine weitere Werbemaßnahme präsentiert, die Unikatkampagne »Ich trinke Jägermeister, weil …« Sie schuf von 1973 bis 1988 einen hohen Bekanntheitsgrad. Es folgte der »Jägermeister der Woche«, der sich aktueller Anlässe annahm. Im Jahre 1996 kehrte man wieder zur ersten Kampagne zurück.

Diese Werbeaktivitäten trugen mit dazu bei, dass Jägermeister heute die größte deutsche Markenspirituose und die weltweit größte Marke unter den pur getrunkenen Bitterlikören ist. Für den Jägermeister sind 56 Kräuter, Wurzeln, Blüten und Früchte aus aller Welt die Basis. Zwölf Monate reift er in Eichenholzfässern, bevor er in seine charakteristischen Flaschen abgefüllt wird.

Jägermeister gilt zwar als typisch deutsch, doch über 40 Prozent der Jahresproduktion werden in über 40 Länder exportiert. Spitzenreiter sind mit sechs Millionen Flaschen die USA, gefolgt von Italien und den Beneluxstaaten.

Mit modernster Technik werden bei dem Unternehmen Mast-Jägermeister jährlich 32 Millionen Flaschen abgefüllt, die in über 40 Ländern verkauft werden.

Weitere Produkte
Seit 1964 wird der Wildfruchtlikör Schlehenfeuer (Schlehe mit Rum, 38 % vol) hergestellt.

Empfehlungen
Jägermeister ist herzhaft und belebend, passt zum Bier und als Digestif.
Er wird wie folgt verwendet:
◆ gut gekühlt im Schnapsglas
◆ on the rocks
◆ als Longdrink mit Eiswürfeln und Tonic Water, Colagetränk oder Orangensaft

Wissenswertes

Gruppe	Bitterlikör/Kräuterlikör
Geschmacksrichtung	bitter-süß
Zusammensetzung	Auszüge aus 56 Kräutern, Wurzeln und Früchten, Alkohol, Zucker
Herstellungsort	Wolfenbüttel/Niedersachsen und seit 1996 auch in Kamenz-Bernbruch in der Nähe von Dresden
Jahresabsatz	32 Mio. Flaschen
Inhaber	Mast-Jägermeister AG, Wolfenbüttel
Alkoholgehalt	35 % vol
Preisklasse	15 DM

Cynar
Amaro Leggermente

Gegenüber den Amaroklassikern des 19. Jahrhunderts ist der Cynar eine junge Marke. Im Jahre 1952 erstmals angeboten, erlebte Cynar innerhalb weniger Jahre einen schon beinahe sensationell zu nennenden Aufschwung, der ihn unter die großen Marken katapultierte.

Die Marke

Vor knapp 50 Jahren entwickelte die Firma Pezziol in Padua einen Amaro besonderer Art – den Cynar. Dieser unterschied sich von den klassischen Bitterlikören durch zwei außergewöhnliche Merkmale. Das Erste war sein mit 16,5 % vol ziemlich geringer Alkoholgehalt, das Zweite seine originelle Rezeptur. Cynar besteht aus Artischockensäften, Kräutern und Früchten, darunter Rhabarber, Enzian und Schalen von Süßorangen und Pomeranzen.

Von der Artischocke ist seit der Antike bekannt, dass sie eine wohltuende Wirkung auf die Leber ausübt und der in der Frucht enthaltene Bitterstoff Cynarin Galle absondernd und damit appetitfördernd wirkt. Vom botanischen Wort für Artischocke »Cynara Scolymus« erhielt der Cynar auch seinen Namen. Die seit ihrer Gründung rasch wachsende Firma verlegte ihren Sitz nach Termoli in Mittelitalien, wo sie bis zum heutigen Tag produziert. In den siebziger Jahren wurde sie von Bols Italia übernommen, und seit 1995 ist sie im Besitz des Mailänder Bitter-Riesen Campari.

Dem großen Erfolg, den Cynar auf den internationalen Märkten verbuchen konnte, stand in Deutschland für ziemlich lange Zeit die Bestimmung über den Mindestalkoholgehalt entgegen. Bis 1979 wurde deshalb Cynar für Deutschland mit 30 % vol hergestellt. Mit der Übernahme durch Campari erfolgte auch die Neupositionierung zum Amaro, der nicht nur verlängert mit Sodawasser, sondern auch pur getrunken werden sollte. Dies ist in der heutigen gesundheitsbewussten Zeit, in der niedrigprozentige Getränke im Trend sind, sicher der richtige Weg.

Die Artischocke enthält den Bitterstoff Cynarin, der eine appetitanregende Wirkung hat. Deshalb wird der Bitterlikör Cynar gern als Aperitif getrunken.

Empfehlungen

Der nur leicht bittere Cynar Amaro Leggermente (Leggermente = leicht) ist verdauungsfördernd und gleichermaßen Aperitif und Digestif.
Er wird wie folgt verwendet:

◆ gut gekühlt im Amaroglas
◆ on the rocks mit einem Stück Orangenscheibe
◆ on the rocks mit Orangenscheibe und etwas Sodawasser
◆ on the rocks mit Orangensaft, Bitter Lemon, Tonic Water
   oder Ginger Ale

Wissenswertes

Gruppe	Bitterlikör
Geschmacksrichtung	leicht bitter, würzig und aromatisch
Zusammensetzung	Artischocken- und Pflanzenextrakte, Alkohol, Zucker
Herstellungsort	Termoli/Mittelitalien
Jahresabsatz	13 Mio. Flaschen
Inhaber	Davide Campari S. p. A., Mailand
Alkoholgehalt	16,5 % vol
Preisklasse	15 DM

Unicum
Zwack

Die im Jahre 1840 in Budapest gegründete Firma Zwack war zu Zeiten der Donaumonarchie der bedeutendste Spirituosenhersteller Mittel- und Osteuropas. Das damals riesige Unternehmen produzierte eine fast unüberschaubare Zahl an Bränden und Likören. Berühmt aber war Zwack für seinen Kräuterbitterlikör Unicum.

Die Marke

Erfinder des Unicum war Joseph Zwack, der Leibarzt von Kaiser Joseph II. Er suchte nach einem Verdauungslikör, der die Beschwerden der höfischen Gesellschaft nach üppigen Gelagen lindern konnte. 1790 führten seine Experimente zum Erfolg, und der Unicum war geboren. Bis heute wird er nach dem Originalrezept aus rund 40 Kräuter- und Pflanzenauszügen hergestellt und zur Reifung lange in Eichenholzfässern gelagert. Mit der Entwicklung des Unicum begann die Erfolgsgeschichte des Unternehmens der Familie Zwack, die seit der Firmengründung von vielen Höhen und Tiefen begleitet war. Dem beständigen Aufschwung bis 1918 folgte Stagnation zwischen den beiden Weltkriegen, und im Jahre 1945 kam dann schließlich das Ende für das einstmals so stolze Unternehmen.

Die Familie floh nach Italien, dies unter teilweise abenteuerlichen Umständen, jedoch wurde das Unicum-Rezept mitgenommen. Die Machthaber in Ungarn nahmen die Produktion wieder auf, erreichten jedoch nie die Qualität des Originals. 1958 kehrte der heutige Inhaber, Peter Zwack, aus den USA nach Italien zurück und begann in Genua mit der Produktion des Original-Unicum. Der von der ungarischen Regierung angestrengte Prozess um die Namensrechte wurde von Zwack gewonnen, und so entstand die Situation, dass es zwei Unicum gab. Ost-Unicum für den Osten, West-Unicum (der bessere!) für den Westen. 1989, nach der Öffnung der Grenzen, erledigte sich das Problem von allein, und heute produziert Peter Zwack, der direkte Nachfahre, wieder in Budapest nach dem Originalrezept.

Die Firma Zwack Unicum wirbt mit exklusivem, zwanglosem Beisammensein, bei dem der Bitterlikör nicht fehlen darf.

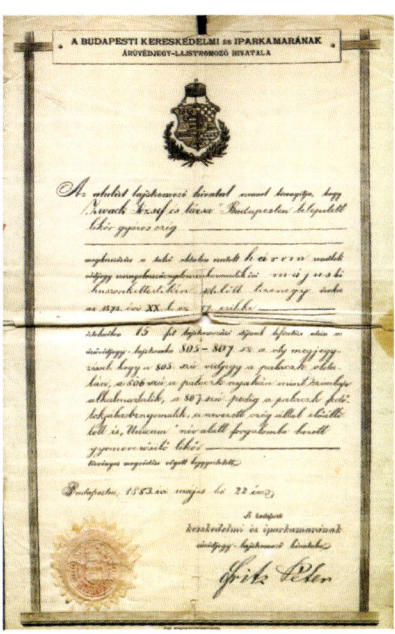

Die Unicum-Urkunde belegt die Gründung der Firma Zwack in Budapest zur Zeit der Donaumonarchie.

Empfehlungen

Zwack Unicum ist ein kräftiger, aber harmonischer Amaro mit angenehm bitterem Geschmack.

Er wird wie folgt verwendet:

◆ ungekühlt oder leicht gekühlt im Likörglas als Digestif
◆ on the rocks

Wissenswertes

Gruppe	Bitterlikör
Geschmacksrichtung	kräftig und harmonisch bitter
Zusammensetzung	40 Kräuter- und Pflanzenauszüge, Alkohol, Zucker
Herstellungsort	Budapest/Ungarn
Jahresabsatz	5 Mio. Flaschen (geschätzt)
Inhaber	Zwack Unicum Company Limited
Alkoholgehalt	40 % vol
Preisklasse	25 DM

China Martini
Martini & Rossi

Die Geschichte des weltbekannten Unternehmens Martini & Rossi begann 1863. Seinen Ruhm erwarb sich Martini & Rossi mit seinen Vermouths, mit denen man bis heute, mit rund 200 Millionen Flaschen jährlich, Weltmarktführer ist – und so populär, dass der Name Martini bei uns ein Synonym für Vermouth ist.

Die Marke

China Martini ist zwar in Deutschland nicht sehr bekannt, zählt aber in seinem Ursprungsland Italien seit Jahrzehnten zu den großen Marken. Der Bitterlikör wurde um 1880 entwickelt. Sein Name hat nichts mit China, sondern ausschließlich mit den verwendeten Ingredienzien zu tun: Er stammt von dem Cinchonabaum ab, der seit alters her in den Anden wächst und dessen besonders chininhaltige Rinde von den Inkas Quina genannt wurde.

Chinarinde verleiht diesem Likör eine starke, kräftige Bitternote, doch insgesamt sind 35 natürliche Bestandteile an dem typischen Geschmack von China Martini beteiligt. Welche, wird vom Hersteller nicht verraten, auch nicht, wie im Einzelnen die Herstellung erfolgt. Doch weiß man immerhin, dass China Martini drei Fertigungsstufen durchlaufen muss, um seine einzigartige Kräuternote zu erhalten.

Weitere Produkte

In Deutschland sind vom Hause Martini die vier Vermouthsorten, der Weinaperitif Martini d'Oro, der italienische Sekt Martini Brut, Asti Martini und Martini Prosecco Vino frizzante erhältlich. Kurzzeitig nicht im deutschen Angebot, aber nun dankenswerterweise wieder erhältlich, ist der Martini Bitter. Dieser leuchtend rote Kräuterlikör (21 % vol) wird als Aperitif vermarktet und bevorzugt mit Sodawasser oder Orangensaft getrunken. Martini Bitter besteht aus einer harmonischen Kräuterkomposition mit einer speziellen Note, die von Bitterorangenschalen und Enzianwurzeln stammt.

Die Blüte des Cinchonabaums. Dieser Baum ist in Südamerika, in den Anden, beheimatet und hat eine chininhaltige Rinde. Diese so genannte Chinarinde ist ein wesentlicher Bestandteil des Likörs China Martini.

Empfehlungen
China Martini hat durch die Chinarinde eine starke, kräftige Bitternote.
Er wird wie folgt verwendet:
◆ leicht gekühlt als Digestif
◆ on the rocks
◆ als Longdrink mit Eiswürfeln und Sodawasser

Wissenswertes

Gruppe	Bitterlikör
Geschmacksrichtung	starke, kräftige Bitternote
Zusammensetzung	Pflanzenauszüge, Chinarinde, Alkohol, Zucker
Herstellungsort	Turin/Italien
Jahresabsatz	nicht bekannt
Inhaber	IVLAS S. p. A./Martini & Rossi – seit 1992 zu Bacardi International gehörend
Alkoholgehalt	31 % vol
Preisklasse	20 DM

Orangenlikör

der herb-aromatische Fruchtgeschmack

Orangenliköre sind die Klassiker unter den Mixlikören. Ihr wichtigster Bestandteil sind die getrockneten Schalen der Bitterorangen, die auf dem Wege der Mazeration und Destillation verarbeitet werden. Die alkoholische Basis bilden reinster Alkohol oder auch Cognac, Armagnac oder Rum. Orangenliköre sind zunächst klar und wasserhell, ihre Farbe erhalten sie durch braune Spirituosen oder Zuckerkulör. Orangenliköre sind Fruchtaromaliköre, und ihr »Aroma« erhalten sie aus den Schalen von Bitterorangen.

Der Ursprung

Der wichtigste Bestandteil und das »Herz« der Orangenliköre sind die Schalen der karibischen Bitterorange, einer Bitterpomeranzenart. Diese entwickelte sich auf der seit 1634 holländischen Karibikinsel Curaçao (50 Kilometer vor der Küste Venezuelas), als dort im 16. Jahrhundert von einem spanischen Gouverneur süße Orangen aus Sevilla angepflanzt wurden. Nachdem jedoch die Spanier alle Wälder der Insel abgeholzt hatten und das Grundwasser zurückging, passte sich die Frucht den Umweltbedingungen an und wurde bitter und ungenießbar. Doch das in den getrockneten Schalen enthaltene aromatische ätherische Öl erwies sich als ideale Likörkomponente. Die Holländer entdeckten ihren Wert und ihre Verwendungsmöglichkeit zur Likörbereitung, und 1752 begannen die Lieferungen in die Heimat. Seither sind die getrockneten Schalen dieser Früchte eine begehrte Handelsware, und ihre Verfügbarkeit gab den Anstoß zur Entwicklung der berühmten europäischen Orangenliköre Grand Marnier, Cointreau und den Marken der großen Sortimentsproduzenten.

Die getrockneten Schalen der Bitterorange sind Grundlage der Orangenliköre.

Die Herstellung

Das Aroma der Schalen ist der wertvollste Bestandteil dieser Früchte. Auf dem Wege der Mazeration (Auslaugung in Alkohol) und anschließender Destillation werden die Orangenschalen verarbeitet. Die darauf folgende Destillation stoppt man frühzeitig, und man erhält ganz reine, hochprozentige Destillate. Durch Filtrierung werden unerwünschte Bestandteile entfernt, und anschließend wird nochmals sehr hochprozentig destilliert. Dieses Destillat zeich-

Die meisten Liköre gewinnen an Qualität durch eine lange Lagerung in Holzfässern. So auch der Orangenlikör, der hier in riesigen Fasslagern auf die Abfüllung in Flaschen wartet.

net sich dann durch eine außerordentliche Reinheit des Aromas aus. Diese sog. Essenz wird dann mit Wasser, reinstem Alkohol bzw. Cognac etc. und Zucker zu trinkfertigem Orangenlikör verarbeitet. Das Herstellungsverfahren der Curaçaoliköre und auch von Cointreau weicht von dem hier Beschriebenen ab. Bei diesen destilliert man etwas länger, um den typischen, etwas herb-aromatischen Geschmack der weißen Innenhaut der Orangenschalen im Destillat mit einzufangen. Dadurch erreicht man gleichzeitig, dass bei Kälte die opaleszierende (milchige) Trübung entsteht. Wertbestimmend ist natürlich die Qualität der aromatischen Auszüge aus den Orangenschalen. Orangenliköre, deren alkoholische Basis reinster Neutralalkohol ist, können wasserhell wie der Cointreau sein, oder auch eine durch Farbstoffe erreichte Färbung aufweisen. Bei gelben Sorten beruht die Farbe auf braunen Spirituosen oder auf dem Zusatz von Zuckerkulör.

Erfahrene Kenner sind für die Auswahl der Bestandteile verantwortlich.

Die Verwendung

Die klassischen hochprozentigen Orangenliköre sind ungekühlt pur zum Digestif, zum Kaffee oder im Kaffee ein Genuss. Sie werden auch gerne »on the rocks« getrunken. Man verwendet sie zum Verfeinern von Desserts, zu Eiscreme und zu Süßspeisen. Beim Mixen sind sie eine der großen Säulen der Cocktailgeschichte, und viele weltbekannte Rezepturen kamen durch sie zustande.

Grand Marnier
Cordon Rouge

D er berühmteste aller Liköre ist zweifellos der Grand Marnier. Mögen auch moderne Marken mehr verkaufen — in Qualität und Ansehen ist Grand Marnier nicht zu überbieten.

Die Marke

Die Geschichte des Grand Marnier beginnt im Jahre 1827. In dem Städtchen Neauphle-le-Château bei Paris, in der Destillerie Lapostolle beschäftigte man sich mit der Herstellung von Likören. Eugène, der Sohn des Firmengründers, zog sich wegen des Krieges von 1870 nach Cognac zurück und begann mit dem Handel von Cognac. Nach dem Krieg kamen die Liköre in Mode. Dem Trend folgend, versuchte Louis Alexandre Marnier-Lapostolle, der Schwiegersohn von Eugène, einen außergewöhnlichen Likör zu kreieren. Er experimentierte mit Cognac und den Extrakten karibischer Bitterorangen, und 1880 waren seine Bemühungen von Erfolg gekrönt: Der Grand Marnier war geboren und wurde erfolgreich wie kaum sonst ein Likör in dieser Zeit. Grand Marnier ist ein Orangenlikör auf der Basis von Cognac. Aus Schalen der karibischen Bitterorangen entsteht im Laufe einer langen Mazerierung in Alkohol und anschließender Destillation ein aromatisches Extrakt, das mit Cognac und Zucker vermischt den Grand Marnier ergibt.

Weitere Produkte

Marnier-Lapostolle bietet mit der Cuvée du Centenaire und der Cuvée du Cent Cinquantenaire auch zwei Jubiläumsabfüllungen an. Diese unterscheiden sich im Prinzip nur durch das Alter der verwendeten Cognacs und die Ausstattung. Beide gelten als die exquisitesten Liköre der Welt. Cuvée du Centenaire enthält hauptsächlich Fine Champagne Cognacs, die sechs bis zwölf Jahre und z. T. bis zu 25 Jahre gereift sind. Diese Specialcuvée wurde 1927 zum 100-jährigen Jubiläum komponiert und wird in einer schwarz-goldenen Flasche ange-

boten. Cuvée du Cent Cinquantenaire wurde anlässlich des 150-jährigen Firmenjubiläums im Jahre 1977 geschaffen. Hauptsächlich Grande Champagne Cognacs mit einem Alter von 15 bis 30 Jahren sowie z. T. bis zu 50 Jahre alte Brände werden verwendet. Cuvée du Cent Cinquantenaire wird in Repliken einer mit Blumen bemalten Jugendstilflasche von dem berühmten Glaskünstler Emile Gallé angeboten. Außer den drei Likören werden drei Marnier-Cognacs vom eigenen Château de Bourg angeboten. Zurzeit nicht auf dem deutschen Markt ist der Cherry Marnier.

Der Kellermeister von Grand Marnier, Marcel Louent, beim Testen.

Red Lion

2 cl Grand Marnier
3 cl Gin
1 cl Zitronensaft
4 cl Orangensaft
einige Tropfen Grenadine
Im Shaker mit Eiswürfeln kräftig schütteln und in eine Cocktailschale abgießen.

Empfehlungen

Grand Marnier Cordon Rouge ist eine harmonische Kombination von Cognac und Orange mit elegantem Geschmack.
Er wird wie folgt verwendet:

◆ pur im Likörglas oder Schwenker und zum oder im Kaffee
◆ on the rocks
◆ als Longdrink mit Eiswürfeln und Fruchtsäften
◆ zum Mixen von Cocktails und Longdrinks

Wissenswertes

Gruppe	Orangenlikör
Geschmacksrichtung	fein nach Orange und Cognac, dezent süß, vollmundig und aromatisch
Zusammensetzung	Orangendestillat, Cognac, Zucker
Herstellungsort	Neauphle-le-Château bei Paris
Jahresabsatz	17 Mio. Flaschen
Inhaber	Marnier-Lapostolle S.A., Paris
Alkoholgehalt	alle Marken 40 % vol
Preisklasse	Cordon Rouge 35 Mark

Cointreau
Spécialité de France

Schon im Jahre 1827 hatte die Familie Cointreau in dem An-
jou-Städtchen Angers eine Likördestillerie in Betrieb ge-
nommen. Am Anfang stand die Herstellung von Fruchtlikören
aus verschiedenen Früchten der Region, und einige Jahre später,
1849, entstand daraus durch die Brüder Edouard und Adolphe
Cointreau die Société Cointreau Frères. Diese ist heute in der
fünften Generation im Besitz der Familie. Im Jahre 1875 übernahm Edouard Cointreau jun. das damals noch kleine Unternehmen. Er wollte einen gänzlich anderen Likör kreieren und
entwickelte schließlich den Cointreau, der als klarer Orangenlikör heute nicht nur ausgesprochen populär, sondern die weltweit führende Marke ist.

Die Marke

Der kristallklare Cointreau ist ein Likör auf der Basis
der Bitterorange. Er unterscheidet sich von anderen
Orangenlikören grundlegend dadurch, dass er nicht
süß ist, sondern einen ausgesprochen herben, gleich-
wohl faszinierenden und anregenden Geschmack
besitzt. Unter allen Likören, die heute auf der Welt
hergestellt werden, ist Cointreau einer der bedeutendsten und zudem einer der großen Klassiker
der Likörgeschichte.

Die für das Getränk verwendeten Orangenschalen stammen von süßen und bitteren
Orangen aus den Ländern Haiti, Brasilien
und Spanien. Die Früchte werden nach
der bis zum heutigen Tag geheimen Rezeptur gemischt und zum Mazerieren in
Alkohol gelegt. Daran anschließend erfolgt die Destillation, bei der der erhitzte
Alkohol den Orangenschalen ihr Aroma
entzieht. In den weiteren Herstellungs-
phasen entsteht daraus mit Zucker, Wasser und Neutralalkohol der unverwechselbare Cointreau.

Weitere Produkte

Das Familienunternehmen Cointreau
stellt neben dem Cointreau auch den
fruchtig exotischen, sehr aromatischen
Maracujalikör Passoã her (s. S. 30).

Margarita

4 cl weißer Tequila
2 cl Cointreau
2 cl Zitronensaft

Den Rand einer Cocktailschale in einem Zitronenviertel drehen und in eine mit Salz gefüllte Schale tupfen. Das nicht anhaftende Salz durch leichtes Klopfen entfernen.
Alle Zutaten im Shaker mit Eiswürfeln kräftig schütteln und ins vorbereitete Glas gießen.

Empfehlungen

Cointreau ist zum Mixen unentbehrlich, und sein Geschmack prägt viele weltbekannte Cocktailklassiker.

Er wird wie folgt verwendet:
◆ ungekühlt im Likörglas als Digestif und zum Kaffee
◆ on the rocks
◆ als Longdrink mit Eiswürfeln und Fruchtsäften
◆ zum Mixen von Cocktails und Mixdrinks jeder Art
◆ zum Verfeinern von Desserts, zu Eiscreme und zu Süßspeisen

Wissenswertes

Gruppe	Orangenlikör
Geschmacksrichtung	wenig süß, herb-aromatisch
Zusammensetzung	Orangenschalendestillat, Alkohol, Zucker
Herstellungsort	Angers/Frankreich
Jahresabsatz	16 Mio. Flaschen
Inhaber	Cointreau S.A., Angers/Frankreich
Alkoholgehalt	40 % vol
Preisklasse	28–30 DM

Red Orange
Bols

Das weltweit bekannte niederländische Spirituosenunter-nehmen Bols nimmt seit jeher als Liköranbieter in Deutschland den führenden Platz ein. Über 100 Jahre, von 1890 bis 1995, betrieb Bols in Deutschland eigene Produktionsstätten, deren Tätigkeit lediglich zwischen 1944 und 1946 unterbrochen war. Aufgrund der mannigfachen Möglichkeiten, die die Europäische Union mit sich brachte, beliefert Bols den deutschen Markt nun direkt vom Stammhaus in Amsterdam. Bis zu Beginn der achtziger Jahre ließ sich die Farbe Blau als Cocktail nur schwer verkaufen. Außerdem entsprach der hohe Alkoholgehalt nicht mehr dem Wunsch der Verbraucher nach leichteren Likören, mit denen problemlos fruchtige Longdrinks gemixt werden können. Dies führte zur Neuentwicklung des Blue Curaçao, der bis dahin ein unbeachtetes Dasein gefristet hatte.

Dem neuen Bols Blue, der mit großem Erfolg die ungewöhnliche blaue Farbe salonfähig machte, folgten 1983 die Grüne Banane (s. S. 116) und 1987 der Red Orange. Bols Red Orange, der zwischenzeitlich auch Kontiki Red Orange hieß, wurde Mitte 1999 mit den Vorgängern der Orange und dem seit 1993 angebotenen Maracuja neu positioniert und mit einem einheitlichen Erscheinungsbild ausgestattet.

Die Marke

Bols Red Orange ist nach dem Blue Curaçao, dem Triple Sec und dem Dry Orange der vierte Bols-Likör auf Orangenbasis. Doch Red Orange ist anders als die Curaçao-Sorten. Er ist ein Fruchtaromalikör auf der Basis der Curaçao-Orange, der mit weiteren Früchten wie Pfirsich und Passionsfrucht verfeinert wird. Er ist herb-süß, sehr fruchtig und hat nur 24 % vol Alkoholgehalt. All diese Komponenten machen den tiefroten Bols Red

Orange zu einer idealen Basis für fruchtige und schnell gemixte Longdrinks.

Weitere Produkte
Die Curaçao-Marken von Bols und weitere Liköre werden unter den jeweiligen Stichworten beschrieben.

Fireball

3 cl Bols Red Orange
2 cl Wodka
kaltes Tonic Water
Red Orange und Wodka in ein Longdrinkglas auf Eiswürfel geben und umrühren. Mit Tonic Water auffüllen.

Empfehlungen
Bols Red Orange besitzt einen frischen, fruchtigen Geschmack, der bestens mit Fruchtsäften harmoniert.
Er wird wie folgt verwendet:
◆ on the rocks
◆ zum Mixen von Cocktails und fruchtigen Longdrinks
◆ als Longdrink mit Eiswürfeln und Fuchtsäften oder Limonaden

Wissenswertes

Gruppe	Fruchtaromalikör
Geschmacksrichtung	herb-süß, sehr fruchtig
Zusammensetzung	Fruchtextrakte, Zucker, Alkohol, Aromastoffe
Herstellungsort	Zoetermeer bei Amsterdam/Niederlande
Jahresabsatz	Gesamtsortiment weltweit ca. 18 Mio. Flaschen
Inhaber	Bols Royal Distilleries
Alkoholgehalt	24 % vol
Preisklasse	16–18 DM

Nassau Orange
De Kuyper

D er in Schiedam/Niederlande ansässige Likörproduzent de Kuyper ist der mit weitem Abstand größte Likör-Sortimentsproduzent. Das Unternehmen ist mit unterschiedlichsten Marken in über 90 Ländern der Erde vertreten. Den größten Erfolg auf den internationalen Märkten aber hat de Kuyper in den Vereinigten Staaten. Eigene Produktionsstätten in den USA und Kanada versorgen diesen riesigen Markt, auf dem de Kuyper einer der führenden Anbieter ist. Außer der äußerst umfangreichen Likörreihe, in der hauptsächlich zum Mixen verwendete Spezialitäten angeboten werden, gibt es die Solitärreihe. Zu dieser zählen der Nassau Orangenliqueur sowie an weiteren Getränken Peachtree, Kwai Feh und schließlich der in der alten, gedrungenen Flasche angebotene Cherry Brandy.

Die Marke
De Kuyper Nassau Orangenliqueur ist ein Klassiker aus den Niederlanden, dessen Rezept so alt wie die Delfter Kacheln ist und der in ähnlich anmutende Flaschen abgefüllt wird. Nassau Orange ist eine Likörspezialität, die seit über 200 Jahren nach einem geheimen Rezept hergestellt wird und international sehr nachgefragt ist.

Das Getränk wird fälschlicherweise oft als Curaçao bezeichnet, doch handelt es sich hierbei in Wirklichkeit um einen Orangenlikör in Topqualität. Destillate der Curaçao-Bitterorange, Zitronen- und Apfelsinenschalen, verfeinert mit Cognac, sind die Basis für diese außergewöhnliche Spezialität, die man in vielen Ländern der Welt findet.

Weitere Produkte
Zu den Solitärmarken gehören des Weiteren Peachtree (s. S. 152) und Kwai Feh (s. S. 122). Likörspezialitäten aus dem Hause de Kuyper werden außerdem in diesem Band unter den Stichworten Crème de Bananes, Curaçao Red und Parfait Amour beschrieben.

Sternstunde

2 cl Nassau Orange
2 cl Calvados
4 cl Maracujanektar
kalter Champagner

Die Zutaten – ohne Champagner – im Shaker mit Eiswürfeln kräftig schütteln und in ein großes Kelchglas abgießen. Mit Champagner auffüllen.

Rolls-Royce

3 cl Nassau Orange
3 cl Cognac
6 cl Orangensaft

Im Shaker mit Eiswürfeln kräftig schütteln und in eine Cocktailschale abgießen.

Empfehlungen

Nassau Orange ist ein ausgewogener, harmonischer Orangenlikör mit fruchtiger Zitrussubstanz.

Er wird wie folgt verwendet:

◆ ungekühlt im Likörglas als Digestif und zum Kaffee
◆ on the rocks
◆ als Longdrink mit Eiswürfeln und Fruchtsäften
◆ zum Mixen von Cocktails und Mixdrinks
◆ zum Verfeinern von Desserts, zu Eiscreme und Süßspeisen

Wissenswertes

Gruppe	Orangenlikör
Geschmacksrichtung	verhalten süß, mit feinen Zitrusnuancen
Zusammensetzung	Orangen- und Zitronendestillate, Cognac, Alkohol, Zucker
Herstellungsort	Schiedam/Niederlande
Jahresabsatz	Gesamtsortiment weltweit ca. 55 Mio. Flaschen
Inhaber	De Kuyper Royal Distillers, Schiedam
Alkoholgehalt	40 % vol
Preisklasse	25–30 DM

Curaçao
der Mixlikör der Karibik

Um die Mitte des 18. Jahrhunderts gelangten erstmals die Schalen einer Bitterorange, der pomeranzenartigen Curaçaofrucht, von der gleichnamigen karibischen Insel in die damalige alte Welt. Das Destillat aus diesen Schalen schuf neue Maßstäbe und wurde für die Bereitung vieler Liköre eingesetzt. Aber auch als eigenständige Likörart setzte sich der Curaçao durch, und auf seiner Basis entwickelten sich weltberühmte Likörmarken wie Cointreau und Grand Marnier.

Der Ursprung

Curaçao ist der Urorangenlikör und der berühmteste Fruchtaromalikör. Seine wichtigste Komponente ist das aus den Schalen gewonnene Destillat und nicht wie bei den Fruchtsaftlikören der Fruchtsaft. Seine Geschichte beginnt auf der seit 1634 holländischen Karibikinsel Curaçao. Dort mutierten die von den Spaniern eingeführten Orangen zu Bitterorangen, und deren Schalen sind die Basis des Curaçao und aller anderen Orangenliköre (siehe auch Orangenlikör Seite 90).

Die Herstellung

Das Destillationsverfahren unterscheidet sich geringfügig von dem bei Orangenlikören angewandten Verfahren, ist aber im Prinzip gleich. Bei der Herstellung von Curaçao werden die Schalen der Orangen äußerst großzügig eingesetzt. Diese gibt man zur Auslaugung in Neutralalkohol (Mazeration), und der Extrakt, der daraus bei der Destillation gewonnen wird, enthält die ätherischen Substanzen der Schalen. Aus diesen wird dann mit reinstem Alkohol, Wasser und Zucker der Curaçao bereitet. Früher lag der Alkoholgehalt von Curaçao bei 40 % vol, doch der Wunsch der Verbraucher führte dazu, dass besonders die farbigen Sorten etwas herabgesetzt wurden. Nur für den klassischen wasserhellen Curaçao ist ein Mindestalkoholgehalt von 35 % vol vorgeschrieben, wenn er die Bezeichnung »Triple Sec« (= dreifach trocken) trägt. Die »Triple-Sec«-Curaçaos weisen einen geringeren Zuckergehalt auf. Varianten des Triple Sec sind die gefärbten Sorten. Sie sind aus dem Original hervorgegangen, haben heute aber meist einen geringeren Alkoholgehalt. Die beliebteste Farbe ist »Blue«. Diese hat jeder der großen Sortimentsproduzenten im

Wie bei den Orangenlikören sind die Schalen der Bitterorangen wesentlichster Bestandteil des Curaçao.

In der Karibik werden die getrockneten Schalen der Curaçao-Frucht, einer pomeranzenartigen Bitterorange, in Säcke verladen und dann per Schiff zu den großen europäischen Häfen transportiert.

Programm, und seit einigen Jahren bietet das niederländische Unternehmen de Kuyper mit Red und Green auch diese beiden Farben an. Die farbigen Curaçaos sind geschmacklich identisch und unterscheiden sich nur durch ihre Farbe. Sie wurden entwickelt, um beim Mixen die Zutaten farblich zu unterstützen und um die Möglichkeiten der Farbgebung zu verbessern. Ein weiterer, altbekannter Curaçao ist der Curaçao Orange. Dies ist eine »trockene« Curaçaovariante mit einer ausgeprägten Orangennote. Seine bräunliche Farbe erhält er durch karamellisierten Zucker. Unter den Curaçao-Marken gibt es große Qualitätsunterschiede, und mit den Marken der auf den nächsten Seiten vorgestellten großen Produzenten ist man gut beraten.

In der Destillerie des Unternehmens Marie Brizard et Roger wird auch Curaçao erzeugt.

Die Verwendung
Curaçao wird selten pur getrunken, obwohl er sich mit seinem herb-süßen Geschmack ideal zum Kaffee und als Digestif empfiehlt. Seine großen Verwendungsmöglichkeiten stellt er als Mixlikör unter Beweis. In der Bar ist Curaçao in allen seinen Varianten unentbehrlich, und keine Likörgattung ist in so vielen Drinks zu finden. Besonders der Curaçao Blue ist als Farbgeber unersetzlich. Mit seinem feinen Orangengeschmack wird Curaçao auch vielfach zum Verfeinern von Desserts und zu Eiscreme und Süßspeisen verwendet.

Bols Blue
Curaçao

Im Jahre 1575 eröffnete ein Mann namens Lucas Bols einen kleinen Betrieb am damaligen Stadtrand von Amsterdam, da er sich wegen der Feuergefahr nicht im Stadtgebiet niederlassen durfte. Er baute einen Schuppen für die Lagerung von Mischfässern und Grundstoffen und stellte im Freien eine Destillierblase auf. Die auf diese einfache Weise begonnene Zubereitung von Likören war der Anfang einer Reihe von Erzeugnissen, die den Namen Bols in der ganzen Welt berühmt machen sollten. Um 1612 hatte eine Erweiterung des Amsterdamer Stadtgebiets zur Folge, dass der Holzschuppen künftig innerhalb der Stadtmauern lag, und da das Niederlassungsverbot 1581 aufgehoben worden war, konnte der Schuppen stehen bleiben. Der damalige Eigentümer Jan Jacob Bols, Lucas Bols' Sohn, ersetzte den Holzschuppen durch ein steinernes Gebäude, das zur Erinnerung an die gute alte Zeit den Namen »'t Lootsje« (der Schuppen) erhielt. Jahrhunderte hindurch ist die Likörfabrik 't Lootsje stets an dieser Stelle geblieben, und die geheimen Rezepte gingen vom Vater auf den Sohn über. Bis 1815 blieb das Unternehmen in den Händen der Familie Bols. In jenem Jahr erlosch die direkte Linie, und der Firmenname wurde umgewandelt in Erven Lucas Bols. 1969 verlegte man den Betrieb nach Nieuw Vennep bei Amsterdam, und 1997 wurde unweit davon in Zoetermeer eine neue Destillerie eröffnet.

Die Marke

Der herausragendste und erfolgreichste Bols-Likör ist bis heute der Blue Curaçao. Er ist weltweiter Marktführer und Deutschland das größte Abnehmerland. Außer dem Blue Curaçao gibt es die altehrwürdigen Sorten Triple Sec und Dry Orange. Der wasserhelle Triple Sec ist auch bei Bols der Urcuraçao. Er ist herb-fruchtig und alkoholstärker (39 % vol), aber weniger süß als der Blue. Ein weiterer Curaçao ist der Dry Orange. Auch

für diesen bräunlich-goldenen Curaçao sind süße und bittere Orangen die
Basis. Dazu kommen bittere Extrakte, die
ihm seinen besonderen Geschmack verleihen. Dry Orange Curaçao weist einen
Alkoholgehalt von 35 % vol auf.

Weitere Produkte
Außer den drei Curaçaos stellt Bols einen
artverwandten Likör, den Fruchtaromali-
kör Red Orange her (s. S. 96). Weitere
Bols-Marken werden unter den jeweiligen
Stichwörtern vorgestellt.

Swimmingpool

2 cl Bols Blue
4 cl Kokossirup
12 cl Ananassaft
2 cl Sahne
4 cl Wodka
Alle Zutaten im Shaker mit
Eiswürfeln kräftig schütteln.

Empfehlungen
Bols Blue Curaçao hat einen feinen, herb-süßen
Geschmack und ist die Basis für blaue Drinks.
Er wird wie folgt verwendet:
◆ ungekühlt oder leicht gekühlt im Likörglas
◆ on the rocks
◆ als Longdrink mit Eiswürfeln, Fruchtsäften und Limonaden
◆ zum Mixen von Cocktails und fruchtigen Longdrinks

Wissenswertes

Gruppe	Curaçao
Geschmacksrichtung	mild, herb-süß, fruchtig
Zusammensetzung	Zitrusdestillate, Alkohol, Zucker
Herstellungsort	Zoetermeer bei Amsterdam/Niederlande
Jahresabsatz	Gesamtsortiment weltweit ca. 18 Mio. Flaschen
Inhaber	Bols Royal Distilleries
Alkoholgehalt	24 % vol
Preisklasse	16–18 DM

Curaçao Triple Sec
Marie Brizard

Auf Marie Brizard (1714–1801) geht das in Bordeaux ansässige Unternehmen Marie Brizard et Roger zurück. Marie Brizard und ihr Neffe Jean-Baptist Roger gründeten 1755 die heute weltbekannte Likörfirma. Der Grund war die ständig steigende Nachfrage nach einem heilsamen Elixier, dessen Rezeptur Marie Brizard von einem dankbaren Matrosen für ihre Pflege bekommen hatte. Daraus entwickelte sich der Anislikör Anisette, der heute noch die wichtigste und bekannteste Marke der Firma ist. Als sich die ersten Erfolge einstellten, entwickelte man weitere Liköre, und viele der heute klassischen Liköre wurden von Marie Brizard et Roger erstmals hergestellt. Die ganze Zeit blieb das Unternehmen im Besitz der Nachfolger Marie Brizards und Rogers, die es nun bereits in der achten Generation leiten. Marie Brizard et Roger ist der größte Likör-Sortimentsproduzent Frankreichs und weltweit in etwa 120 Ländern vertreten.

Die Marke

Zu den großen Marken bei Marie Brizard zählt der Curaçao. Der hoch aromatische Triple Sec ist der alkoholstärkste Likör der gesamten Marie-Brizard-Palette. Er wird in der klassischen Art der Curaçao-Bereitung aus den Schalen karibischer Bitterorangen hergestellt. Dem Original entspricht auch der Curaçao Bleu der jedoch nur 25 % vol aufweist. Ein weiterer berühmter Orangenlikör des Hauses ist der Grand Orange (38 % vol), der bis vor einigen Jahren Orangero hieß.

Die Grundlage des Grand Orange sind süße und auch bittere Orangen aus Andalusien. Die aromatischen Extrakte, die durch die Mazeration und Destillation der Schalen entstehen, werden beim Grand Orange jedoch nicht mit Neutralalkohol, sondern mit Cognac gemischt. Der Grand Orange ist äußerst aromatisch und intensiv im Geschmack und unterscheidet sich wesentlich vom Curaçao.

Weitere Produkte

Unter den Stichwörtern Watermelon (s. S. 34), Peach (s. S. 150), Anisette (s. S. 60), Chocolate Royal (s. S. 192) und Charleston Follies (s. S. 124) werden die weiteren Marie-Brizard-Marken beschrieben.

After Dinner

3 cl Triple Sec
3 cl Apricot Brandy
3 cl Zitronensaft
Im Shaker mit Eiswürfeln kräftig schütteln und in eine Cocktailschale abgießen.

Bekannt wurde Marie Brizard, die Gründerin des Unternehmens, mit dem Anislikör Anisette.

Empfehlungen

Marie Brizard Curaçao Triple Sec wird zum Mixen fruchtiger Longdrinks international geschätzt.
Er wird wie folgt verwendet:
◆ im Likörglas als Digestif und zum Kaffee
◆ on the rocks
◆ als Longdrink mit Eiswürfeln und Fruchtsäften
◆ zum Mixen vieler international bekannter Drinks

 *Wissenswertes*

Gruppe	Curaçao
Geschmacksrichtung	verhalten süß, kräftig und aromatisch
Zusammensetzung	Orangenschalendestillat, Alkohol, Zucker
Herstellungsort	Bordeaux/Frankreich
Jahresabsatz	Gesamtsortiment weltweit ca. 14 Mio. Flaschen
Inhaber	Marie Brizard et Roger International, Bordeaux
Alkoholgehalt	39 % vol
Preisklasse	23–25 DM

Curaçao Red
De Kuyper

Die 1695 gegründete Firma de Kuyper ist in der elften Generation im Besitz der Familie de Kuyper. Das im niederländischen Schiedam beheimatete Unternehmen deckt mit seinem umfangreichen Programm alle wesentlichen Likörgeschmacksrichtungen ab und ist außerdem der weltweit führende Likörproduzent. Seit jeher sind die niederländischen Likörproduzenten Spezialisten für die Curaçao-Herstellung, und auch bei de Kuyper ist der Curaçao der große Klassiker.

Die Marke

De Kuyper bietet sechs Curaçao-Varianten an. Ihre Basis sind Destillate aus Orangen, Limonen, Zitronen sowie Extrakte aus Kardamom und diversen anderen exotischen Gewürzen. Die wichtigste Zutat, das Destillat aus Curaçao-Schalen, wird bei de Kuyper nicht aus getrockneten, sondern aus frischen Schalen gewonnen. Für den Triple Sec wird zusätzlich ein besonders feines Destillat aus Bitterorange verwendet. Der wasserhelle Curaçao Triple Sec (40 % vol) ist eigentlich der Curaçao der ersten Stunde. Die Curaçao-Varianten Blue, Red und Green sind aus diesem Klassiker hervorgegangen, um exzentrische Farbgebungen in Mixgetränken zu erhalten, die mit Säften und anderen Zutaten nicht zu erreichen sind.

Des Weiteren gibt es bei de Kuyper noch den White Curaçao, der mit 30 % vol einen deutlich geringeren Alkoholgehalt als Triple Sec aufweist. Diese vier Curaçao-Sorten sind geschmacklich absolut identisch und unterscheiden sich nur durch ihre Farbe.

Eine weitere klassische Spezialität ist der Dry Orange. Diese von Mixprofis geschätzte »trockene« Curaçao-Variante hat eine ausgeprägte Orangennote und setzt sich auch durch ihre orange Farbe von den anderen Sorten ab. Die stärkere Orangensüße des Dry Orange passt ideal

zu herberen Zitrusfrucht-
säften.

Weitere Produkte
Die weiteren Mixliköre werden unter de Kuyper Crème
de Bananes (s. S. 32) und Parfait
Amour (s. S. 132) beschrieben. In
der de Kuyper Solitärreihe gibt es
die Marken Peachtree (s. S. 152),
Kwai Feh (s. S. 122) und Nassau
Orange (s. S. 98).

Strawberry Margarita

4 cl Tequila Sierra Silver
2 cl Curaçao Red
2 cl Zitronensaft
5 mittelgroße Erdbeeren
Im Elektromixer mit etwas
Eis gut durchmixen und in
ein Stielglas abgießen.

Empfehlungen
*Alle Curaçaos von de Kuyper sind ideale Mixliköre mit feinem
Geschmack und Aroma.*
Sie werden wie folgt verwendet:
◆ pur oder on the rocks
◆ als Longdrink mit Eiswürfeln und Fruchtsäften
◆ zum Mixen von Cocktails und Mixdrinks
◆ zum Verfeinern von Desserts, zu Eiscreme und Süßspeisen

Wissenswertes

Gruppe	Curaçao
Geschmacksrichtung	herb-süß, mit feinem Zitrusaroma
Zusammensetzung	Zitrusdestillate, Alkohol, Zucker, Gewürzextrakte
Herstellungsort	Schiedam/Niederlande
Jahresabsatz	Gesamtsortiment weltweit ca. 55 Mio. Flaschen
Inhaber	de Kuyper Royal Distillers, Schiedam
Alkoholgehalt	Triple Sec 40 % vol, alle anderen 30 % vol
Preisklasse	Triple Sec 20–22 DM, alle anderen 18–22 DM

Likörspezialitäten
ein bunter Regenbogen des Geschmacks

Klassiker und Bestseller, Exoten und Neuheiten sind in diesem Kapitel zu finden. Obwohl sie alle einer bestimmten Gattung zugeordnet werden könnten, sind sie aufgrund ihrer außergewöhnlichen Zutaten oder ihrer Einzelstellung hier beschrieben.

Der Ursprung

Als Likörspezialitäten bezeichnet man im weitesten Sinne alle nicht alltäglichen Kompositionen, aber auch für sich alleine stehende Marken oder bei uns wenig bekannte Produkte. Manche Marken sind weltbekannt, manche waren bekannt und erleben eine Renaissance und manche stehen noch am Anfang ihrer Karriere. Während die so genannten »harten« Spirituosen wie Whisky, Cognac oder Aquavit über Jahrhunderte allmählich enstanden und sich geschmacklich wenig änderten, verhielt sich dies beim Likör völlig anders. Liköre waren immer »in« und »out«, und modische Trends, neue Farben, neue Zusammenstellungen, neue Rezepturen und Geschmacksrichtungen sorgten stets für Bewegung im Angebot. Tief greifende Änderungen erlebte der Likörmarkt in neuerer Zeit, als um die Mitte der siebziger Jahre die Amaretto-, Pfirsich-, Kokos- und Creamliköre auftauchten. Diese schufen eine neue Likörlandschaft, und der Trend zu den niedrigprozentigen Longdrinklikören mit ihren frischen Farben und ihrem exotischen Geschmack bewirkte auch bei vielen Produzenten eine Neupositionierung der Sortimente.

Die Herstellung

Drei Elemente spielen im Likör die tragende Rolle: Alkohol, Zucker und jene Substanzen, die Aroma und Geschmack bestimmen. Dazu kommt Wasser, und dort, wo es angebracht ist, die erlaubten Farbstoffe. Die frühesten Liköre bereiteten Heilkundige und Mönche in den Klöstern auf der Suche nach Heilmitteln. Sie zogen mit Hilfe von Alkohol die gesundheitsfördernden Substanzen aus Kräutern und Gewürzen und schufen somit die Vorläufer dieser bis heute beliebten Liköre. Ab dem 16. Jahrhundert verbreitete sich auch in Deutschland die Destillation. Korn und Wein

Bei regelmäßigen Tests wird die Qualität der Liköre kontrolliert und dokumentiert.

Frühling im Pays d'Auge in der Normandie/Frankreich. Hier reifen die Äpfel für den Calvados, der in der Destillerie Château du Breuil hergestellt wird.

waren die ersten Grundstoffe. Vom Alkohol zum Likör war es dann nur noch ein verhältnismäßig kurzer Schritt. Man versuchte mit Früchten, Kräutern und Gewürzen sowie Süßungsmitteln wie Honig den Alkohol trinkbar zu machen und zu verfeinern.

Dass dies schon früh gelang, belegt zum einen die Geschichte der 1575 gegründeten Firma Bols und zum anderen die Anleitung zur Bereitung eines Kirschlikörs in einem berühmten Kräuterbuch aus dem Jahre 1630. Einhergehend mit den verbesserten Destillationsverfahren und einer größeren Verfügbarkeit des Alkohols entwickelte sich ab 1800 eine umfangreiche Likörindustrie. Wichtige Meilensteine waren dabei der Rohrzucker aus der Karibik, die Verbreitung der Glasflasche und das Transportwesen.

Apfelernte auf dem Château du Breuil.

Die Verwendung

Die Trinkgewohnheiten sind bei den Likörspezialitäten so unterschiedlich wie die einzelnen Marken. Fast jede wird bevorzugt zu einer speziellen Zeit oder einem bestimmten Anlass getrunken. Einige sind ausgezeichnete Digestifs, andere trinkt man nur verlängert mit Fruchtsäften oder Limonaden. Manche sind Aperitif wie Longdrink, und ihr Genuss braucht keinen bestimmten Anlass oder Zeitpunkt.

Pimm's
The Original N°1 Cup

Wenn für einen Likör die Bezeichnung Spezialität zutrifft, dann auf den Pimm's. Seine Zusammensetzung ist und war so geheim, dass die Firma in früherer Zeit nebenher einen Gewürzgroßhandel betrieb, um zu verhindern, dass man anhand der gekauften Gewürze Rückschlüsse auf das Rezept ziehen konnte.

Die Marke

James Pimm, ein Restaurantbetreiber in London, schuf um 1840 den Pimm's. Er entwickelte neue Getränke, die er dann in seiner Oyster Bar testete und verkaufte. Seine mit großem Abstand erfolgreichste Kreation war der spätere Pimm's. Diese Likörspezialität wurde ab 1870 von seinen Nachfahren auch in Flaschen abgefüllt und verkauft. Die genaue Rezeptur des Getränks ist ein bestgehütetes Geheimnis, und bis heute wird Pimm's nach der Originalrezeptur hergestellt. Lediglich der Alkoholgehalt wurde im Laufe der Zeit etwas gesenkt.

Der große Erfolg führte letztendlich dazu, dass Pimm's speziell für den amerikanischen Markt zu Beginn des 20. Jahrhunderts in fünf weiteren Arten angeboten wurde.

Die alkoholische Basis für Pimm's No. 2 war Scotch Whisky, für No. 3 Brandy, für No. 4 Rum, für No. 5 American Rye Whiskey und für No. 6 Wodka. Diesen Pimm's-Sorten war jedoch kein Erfolg beschieden, und man konzentrierte sich wieder auf das Original. Heute wird allerdings Pimm's auf Wodkabasis angeboten, jedoch in einer anderen Flaschenaufmachung.

Die alkoholische Grundlage von Pimm's ist Gin. Dazu kommen Zitrusauszüge, Gewürze, Zucker, Wasser und schließlich Zuckerkulör zur Verstärkung der Farbe. Auch in seiner Verwendung ist Pimm's einmalig. Es gibt nur eine einzige Art, Pimm's zu trinken: niemals pur, gemixt oder sonst wie, sondern nur als Longdrink mit Eis und mit Limonade aufgefüllt.

Weitere Produkte

Es gibt auch Pimm's mit Wodka, jedoch leider nicht in Deutschland.

Pimm's N°1 Cup

6 cl Pimm's
7up, Sprite oder Ginger Ale
Pimm's in ein Glas auf Eiswürfel
geben. Mit der Limonade auffüllen
und je eine halbe Orangen- und
Zitronenscheibe dazugeben.

Empfehlungen

Pimm's N° 1 Cup ist leicht und erfrischend und als Nachmittagsdrink, zur Cocktail Hour oder als Aperitif und Digestif gleichermaßen beliebt. Klassische Pimm's-Zeiten und ein unbedingtes Muss sind die großen gesellschaftlichen Anlässe wie Wimbledon und Royal Ascot. Pimm's trinkt man auf den Boulevards der Côte d'Azur genauso wie in Marbella und jeder anderen Stadt der Welt, die auf sich hält.

Er wird wie folgt verwendet:

Als Longdrink: Dazu gibt man in einen Original Pimm's-Glaskrug oder ein großes Longdrinkglas einige Eiswürfel und 4 bis 6 cl oder mehr Pimm's. Dann füllt man bevorzugt mit einer klaren Zitronenlimonade (Sprite, Seven Up) oder Ginger Ale auch Tonic Water, Bitter Lemon oder Soda Water auf. Dazu kommen je eine halbe Orangen- und Limettenscheibe und zwei Cocktailkirschen. Früher gehörte zum klassischen Pimm's ein langes Stück Apfelschale und ein Streifen Gurkenschale. Auch ein Minzezweig war nicht falsch. Die nobelste Art, Pimm's zu trinken, ist mit Champagner, dann nennt sich der Drink Royal Pimm's.

Wissenswertes

Gruppe	Likörspezialität auf Ginbasis
Geschmacksrichtung	erfrischend-aromatisch als Longdrink; Pimm's wird nicht pur getrunken
Zusammensetzung	Gin, Gewürzextrakte, Zitrusauszüge, Zucker,
Herstellungsort	London/Großbritannien
Jahresabsatz	nicht bekannt
Inhaber	UDV/United Distillers & Vintners /London
Alkoholgehalt	25 % vol
Preisklasse	22–25 DM

Southern Comfort

Southern Comfort – »The Grand Old Drink of the South« – ist die größte und älteste Likörmarke der USA. Ihr Ursprung geht wahrscheinlich auf einen Bartender namens Heron zurück, der um 1860 in New Orleans versuchte, mit Früchten und Gewürzen den damals noch rauen Whiskey zu entschärfen. Anderen Quellen zufolge brachte der französische Edelmann Jean Lafitte den Likör und das dazugehörige Rezept nach New Orleans. Vieles in der Geschichte von Southern Comfort liegt im Dunkeln, sicher ist aber, dass Southern Comfort bereits Ende des 19. Jahrhunderts in St. Louis, Missouri, in Flaschen gefüllt angeboten wurde. Kurz nach der Prohibition wurde dann im Jahre 1934 die Southern Comfort Corporation gegründet, und heute ist Southern Comfort die weltweit drittgrößte Likörmarke nach dem Cream Liqueur Baileys und dem Kaffeelikör Kahlúa.

Die Marke

Die Rezeptur des Southern Comfort ist eines der bestgehüteten Geheimnisse der Likörwelt und lässt das Getränk an Attraktivität noch gewinnen. Zahlreiche Nachahmungen versuchten am Erfolg des Southern Comfort teilzuhaben, doch keine vermochte je den Geschmack des Originals zu erreichen und dessen Erfolg zu gefährden. Vielfach wird angenommen, dass die Basis des Southern Comfort Bourbon Whiskey ist. Das war sicher in früheren Zeiten der Fall, heute wird jedoch feinster Neutralalkohol verwendet. Dazu kommen Fruchtauszüge, darunter Pfirsich und Zitrusfrüchte, sowie weitere rund 100 Kräuter und Gewürze, die (wahrscheinlich) in Whiskey mazerieren. Nach seiner Fertigstellung wird Southern Comfort noch etwa acht Monate in Fässern gelagert, um die optimale Verbindung aller Komponenten zu erreichen.

Weitere Produkte

Auf einigen Märkten und im internationalen Duty-free-Handel wird Southern Comfort Reserve (40 % vol) angeboten. Dessen Basis ist sechs Jahre alter Straight Bourbon Whis-

key. Es wird die gleiche
Flasche und eine ähnliche
Aufmachung genutzt, je-
doch ein schwarzes Eti-
kett mit weißer Schrift.

Scarlett O'Hara

5 cl Southern Comfort
3 cl Cranberry-Nektar
2 cl Limettensaft
Im Shaker mit Eiswürfeln
kräftig schütteln und in eine
Cocktailschale abgießen.

Unverkennbar der Süden der Vereinigten Staaten von Amerika.
Hier ein Raddampfer auf dem Mississippi bei New Orleans, der
Heimat des Southern Comfort.

Empfehlungen
Southern Comfort bietet vielseitigen Trinkgenuss und ist mit seinem
Pfirsicharoma eine feine Basis für schnell gemixte Longdrinks.
Er wird wie folgt verwendet:
- ◆ ungekühlt oder leicht gekühlt im Likörglas
- ◆ on the rocks
- ◆ als Longdrink mit Eiswürfeln und Orangensaft, Cola oder Ginger Ale
- ◆ zum Mixen von Cocktails und Mixdrinks aller Art

Wissenswertes

Gruppe	Fruchtaromalikör
Geschmacksrichtung	trocken, wenig Süße, sehr aromatisch mit leichter Pfirsichnote
Zusammensetzung	Frucht- und Gewürzextrakte, Neutralalkohol, Zucker
Herstellungsort	St. Louis, Missouri/USA
Jahresabsatz	28 Mio. Flaschen
Inhaber	Brown-Forman Beverages Worldwide, Louisville, Kentucky/USA
Alkoholgehalt	40 % vol
Preisklasse	26–28 DM

Sheridan's
Coffee Layered Liqueur

In der Sheridan's-Heimat Irland genügte ein wenig Plakatwerbung, um diesen in vielerlei Hinsicht einzigartigen Likör auf einen der ersten Plätze der moderat-süßen Hitliste zu bringen. Die ungewöhnliche Flasche und der angenehme zartbitter-süße Geschmack haben Sheridan's im Herkunftsland und auf den Exportmärkten innerhalb kürzester Zeit zu einem unglaublichen Erfolg verholfen.

Die Marke

1974 landete die damalige International Distillers & Vintners (IDV) mit dem Baileys Original Irish Cream einen Volltreffer. Im Mai 1993 wurde wieder ein Likör vorgestellt. Dieser ließ sich mit nichts vergleichen, was bisher auf dem Markt gewesen war. Es waren zwei Liköre in einer Doppelflasche mit getrenntem Ausguss. Sie enthielt einerseits 50 Zentiliter (cl) schwarzen Kaffee-Schokoladen-Likör mit 26 % vol und andererseits 20 Zentiliter hellen, sahnigen Likör mit leichtem Vanillegeschmack und 17 % vol. Dabei ermöglichte das spezifische Gewicht der Liköre ein schichtweises Einschenken.

Im Jahre 1997, vier Jahre später, entstand durch den Zusammenschluss der IDV-Muttergesellschaft Grand Metropolitan mit Guinness die UDV (United Distillers & Vintners). In diesem Jahr wurde auch der Inhalt des Sheridan's neu komponiert und die Flasche leicht verändert. Diese ist nun unterteilt in 333 Milliliter (ml) Coffee Chocolate Liqueur zu 19,4 % vol und 167 Milliliter Vanilla Cream Liqueur zu 17 % vol. Dies ergibt gemischt einen Alkoholgehalt von 18,5 % vol. Durch den neuen speziellen Ausgießer trennen sich beide Liköre im Glas anteilmäßig zu zwei Dritteln schwarzem Likör unten und einem Drittel weißen obenauf.

Weitere Produkte
Zum Repertoire der Gruppe gehört auch der weltberühmte Baileys Irish Cream (s. S. 194).

Der Sheridan's schmeckt überall, doch besonders an solchen Originalplätzen wie dem Bewley's, Dublins berühmtesten Café.

Empfehlungen
Sheridan's verbindet auf ungewöhnliche Weise den beliebten Geschmack von Kaffee, Schokolade und Vanille.
Er wird wie folgt verwendet:
◆ gekühlt im Likörglas
◆ on the rocks
◆ zum oder mit Kaffee

Wissenswertes

Gruppe	Kaffee-Schokolade-Vanille-Likör
Geschmacksrichtung	süß-zartbitter, feinherb, harmonisch
Zusammensetzung	Kaffee, Schokolade, Vanille, Alkohol, Zucker
Herstellungsort	Dublin/Irland
Jahresabsatz	nicht bekannt
Inhaber	Thomas Sheridan's & Sons, Tochtergesellschaft der UDV (United Distillers & Vintners)
Alkoholgehalt	schwarz 19,4 % vol, weiß 17 % vol, total 18,5 % vol
Preisklasse	20 DM für 0,5 l

Grüne Banane
Bols

Das weltbekannte niederländische Spirituosenunternehmen Bols ist unter anderem Produzent von Likören, Genever, Gin, Wodka und Weinbrand. Ein Großteil seiner Produktpalette wird auch in Deutschland angeboten. Um 1980 veränderte man die Positionierung der Liköre und schuf die Basis für die heutige Longdrink-Range. Zwar blieben die Klassiker – die ja heute wieder großen Zuspruch erfahren – unverändert, man wollte jedoch dem Trend nach weniger Alkohol und mehr Farbe entgegenkommen. Trendsetter wurde, vielleicht nicht völlig überraschend, der Bols Blue Curaçao, der sich mittlerweile zum Renner auf dem Markt der Longdrinkliköre entwickelt hat. Diesem folgten 1983 Bols Grüne Banane, 1987 Red Orange und 1993 Maracuja. Mitte 1999 erhielten diese drei fruchtigen Liköre eine neue Ausstattung und ein einheitliches Erscheinungsbild.

Die Marke

Die im Jahre 1983 von Bols als erstem Likörproduzenten vorgestellte Grüne Banane war eine Produktinnovation besonderer Art. Zum einen war dieser Likör nicht so süß wie der klassische Crème de Bananes, zum anderen war er grün und nicht gelb wie gewohnt. Mit ihm ließen sich nun leichte, nach Banane schmeckende Longdrinks herstellen, die dem Trend nach leichten Drinks entsprachen.

Bols Grüne Banane unterscheidet sich in vielfacher Hinsicht von den bis dahin bekannten Bananenlikören. Es werden vor allem keine gelben, sondern grüne Bananen verwendet. Diese auch im reifen Zustand grünen Bananen werden mit diversen weiteren exotischen Früchten und Kräutern verarbeitet. Bols Grüne Banane unterscheidet sich vom Crème de Bananes durch den fruchtigen Geschmack, die Farbe, die geringere Süße und einen etwas niedrigeren Alkoholgehalt.

Weitere Produkte

Außer der Grünen Banane stellt Bols den klassischen Crème de Bananes (24 % vol) her. Die Longdrinkliköre Bols Blue Curaçao, Red Orange und Maracuja werden wie auch weitere Bols-Liköre unter ihren jeweiligen Stichworten beschrieben.

Banana Lemon

**5 cl Bols Grüne Banane
kaltes Bitter Lemon**

Grüne Banane in ein Longdrinkglas auf einige Eiswürfel geben und mit Bitter Lemon auffüllen.

Empfehlungen

Bols Grüne Banane ist ein fruchtiger, leichter Likör, der bestens zum Mixen einfacher Longdrinks geeignet ist.
Er wird wie folgt verwendet:

◆ leicht gekühlt im Likörglas
◆ on the rocks
◆ als Longdrink mit Eiswürfeln und Limonaden oder Fruchtsäften
◆ zum Mixen fruchtiger Longdrinks

Wissenswertes

Gruppe	Fruchtlikör
Geschmacksrichtung	fruchtig nach Banane, exotisch, nur leicht süß
Zusammensetzung	Bananendestillat, Alkohol, Zucker, Aromastoffe
Herstellungsort	Zoetermeer bei Amsterdam/Niederlande
Jahresabsatz	Gesamtsortiment weltweit ca. 18 Mio. Flaschen
Inhaber	Bols Royal Distilleries, Amsterdam
Alkoholgehalt	22 % vol
Preisklasse	16–18 DM

Menthe Pastille
Giffard

E rst im Jahre 1998 wagte das französische Unternehmen Giffard den Schritt auf den deutschen Markt. Als Produzent verschiedener Likörreihen und einer großen Sirupauswahl sowie vieler Spezialitäten bietet Giffard ein umfassendes Angebot mit großer Sortenvielfalt an. Die in Avrillé bei Angers an der Loire ansässige Destillerie geht auf den Apotheker Emile Giffard zurück. Er entwickelte das bis heute wichtigste Produkt des Unternehmens, den Menthe Pastille. Die große Nachfrage nach diesem außergewöhnlichen Pfefferminzlikör führte im Jahre 1885 zur Umwandlung seiner Apotheke in eine Brennerei. Weitere Produkte folgten nach und nach, und die ständige Sortimentserweiterung auf heute über 100 Likör-, Spirituosen- und Sirupsorten erforderte schließlich 1972 den Neubau der Firmengebäude.

Die Marke
Emile Giffard, ein Apotheker in Angers an der Loire, experimentierte mit Kräuterextrakten, um das Rezept für einen wohltuenden Likör zu finden. Er verarbeitete aus England eingeführte Pfefferminzblätter und entwickelte daraus den bis heute unverändert produzierten Menthe Pastille.

Giffard Menthe Pastille ist deutlich weniger süß als andere Pfefferminzliköre und hinterlässt beim Trinken einen angenehm erfrischenden und kühlenden Geschmack.

Weitere Produkte
Außer dem Menthe Pastille bietet Giffard mehrere Likörreihen an. Es gibt die Liqueure de France (s. S. 24), in der über zwanzig klassische Liköre angeboten werden. Des Weiteren die Le Fruit du Terroir, die Bouillotes Grès (Steinflaschen) und die Crème de Fruits mit hohem Fruchtanteil. Giffard ist auch Produzent eines umfangreichen Sirupsortiments sowie von Früchten in Alkohol und mehreren Likörspezialitäten.

Stinger

4 cl Cognac
2 cl Menthe Pastille
In ein kleines Becherglas
auf Eiswürfel geben.

Die Pfefferminze ist der wichtigste Bestandteil des Likörs Menthe
Pastille, dessen Rezept der Apotheker Emile Giffard entwickelt hat.

Empfehlungen
*Giffard Menthe Pastille schmeckt sehr frisch und sollte immer gekühlt
und mit Eiswürfeln getrunken werden.*
Er wird wie folgt verwendet:
◆ wenn pur, dann stark gekühlt
◆ on the rocks oder mit gestoßenem Eis als Digestif
◆ als Longdrink mit Eiswürfeln und kaltem Wasser oder Tonic Water
◆ zum Mixen von Cocktails und Longdrinks mit frischer
   Pfefferminznote

Wissenswertes

Gruppe	Pfefferminzlikör
Geschmacksrichtung	frisch, kühl, stark nach Pfefferminze, nicht zu süß
Zusammensetzung	natürliche Pfefferminzextrakte, Alkohol, Zucker
Herstellungsort	Avrillé bei Angers/Frankreich
Jahresabsatz	nicht bekannt
Inhaber	Distillerie Giffard & Cie.
Alkoholgehalt	24 % vol
Preisklasse	20 DM

Fragolino
Liquore con Fragoline di Bosco

Seit alter Zeit ist die Konservierung von Früchten in Zucker-sirup oder Alkohol bekannt und der deutsche Rumtopf ein klassisches Beispiel dafür. Aus dieser einfachsten Form der Halt-barmachung entstand im Laufe der Zeit eine Sortenvielfalt, die heute außer den heimischen auch viele exotische Früchte um-fasst. Anstelle des Zuckersirups traten Fruchtsirupe, Liköre und Destillate aus den jeweiligen Früchten. In den Mittelmeerlän-dern hat das Einlegen von Früchten allein aufgrund des warmen Klimas eine lange Tradition, und das Angebot ist entsprechend groß. Deutsche Obstbrandproduzenten bieten hauptsächlich Kirschen, Himbeeren und Brombeeren an, die in fruchteigene Destil-late eingelegt werden. Vielfältig sind auch die Verwendungsmöglichkeiten der in Alkohol eingelegten Früchte. Man trinkt oder löffelt sie mit den Früchten, gibt sie über Eiscreme und zu Fruchtsalaten und Desserts.

Die Marke

Die Destillerie Toschi in Savignano in der Nähe von Modena ist berühmt für ihre fruchtigen Produkte. Die Firma wurde im Jahre 1945 von den Brüdern Giancarlo und Sanfranco Toschi gegründet, und ihr erstes Produkt waren in Alkohol eingelegte Kirschen. Heute produ-ziert das Unternehmen (außer Limo-naden) so gut wie alles, was fruchtig und trinkbar ist.

Toschi bietet in großer Sortenvielfalt eingelegte Früchte, Sirupe, Liköre und Spirituosen an. Traditionell genießen die eingelegten Früchte besondere Aufmerksamkeit in dem Unterneh-men, und außer Kirschen werden un-ter anderem Himbeere, Heidelbeere und Walderdbeere angeboten. Den Walderdbeerlikör Fragoline di Bosco gibt es als Einzigen von diesen Spezia-litäten auch in Deutschland. Jede Fla-sche ist gefüllt mit 570 Milliliter Likör und 150 Gramm Walderdbeeren.

Einzigartig ist die Zusammenstellung dieses italienischen Likörs, der außer dem Getränk zusätzlich die ganzen Früchte aromatischer Walderdbeeren liefert.

Weitere Produkte
Außer dem Fragolino di Bosco wird von Toschi nur der berühmte Walnusslikör Nocello (s. S. 176) in Deutschland angeboten.

Empfehlungen
Fragoline di Bosco ist sehr aromatisch und schmeckt herrlich nach Walderdbeeren, er ist mild und sanft-süß.
Er wird wie folgt verwendet:
◆ leicht gekühlt im Likörglas
◆ gekühlt mit kaltem Prosecco oder Sekt
◆ über Eiscreme
◆ mit Fruchtsalaten und Desserts

 *Wissenswertes*

Gruppe	Erdbeerlikör
Geschmacksrichtung	sanft-süß, sehr aromatisch
Zusammensetzung	Walderdbeeren, Alkohol, Zucker, Aromastoffe, Farbstoff
Herstellungsort	Savignano sul Panaro, Modena/Italien
Jahresabsatz	nicht bekannt
Inhaber	Toschi Vignola S.r.L., Savignano bei Modena
Alkoholgehalt	25 % vol
Preisklasse	25 DM

Kwai Feh Lychee Liqueur
De Kuyper

Auf über 300 Jahre Erfahrung in der Herstellung von Spirituosen und Likören kann de Kuyper zurückblicken. Das 1695 gegründete Unternehmen nimmt heute den ersten Platz unter den Likörproduzenten ein und ist mit diesen in über 90 Ländern der Erde vertreten. Im niederländischen Schiedam, dem Ursprungsort der heute weltweit tätigen Firma, wird auch für den deutschen Markt produziert. Außer Genever und einem umfangreichen Sortiment an klassischen und modernen Likören stellt man in Schiedam den außergewöhnlichen Kwai Feh her.

Die Marke
Kwai Feh ist ein moderner leichter Likör, der von de Kuyper zu Beginn der neunziger Jahre entwickelt wurde. Erstmals wurde damit die Lycheefrucht zur Likörherstellung verwendet. Ursprünglich in Südchina beheimatet, wird die Lychee (Litschi) heute weltweit angebaut. Das weiße, perlmuttartig schimmernde Fruchtfleisch mit seinem mild-säuerlichen Geschmack ist die Basis des Kwai Feh.

Die zarte, leicht rosa Färbung und der unverwechselbare Geschmack von Kwai Feh sind das Ergebnis eines speziell entwickelten Herstellungsverfahrens. Kwai Feh wird in einer außergewöhnlichen satinierten Flasche angeboten. Der Name des Likörs stammt aus dem Chinesischen und bedeutet »geschätzte Konkubine«.

Weitere Produkte
Weitere Liköre aus dem Hause de Kuyper werden in diesem Buch unter den Stichworten Crème de Bananes (s. S. 32), Peachtree (s. S. 152), Curaçao Red (s. S. 106), Nassau Orange (s. S. 98), und Parfait Amour (s. S. 132) beschrieben.

Chinese Wallbanger

4 cl Wodka
4 cl Kwai Feh
Orangensaft
Kwai Feh und den Wodka
in ein Longdrinkglas auf
Eiswürfel geben und mit
Orangensaft auffüllen.

Shangai Express

2 cl Kwai Feh
2 cl Peachtree
Orangensaft
Die Liköre in ein Longdrinkglas
auf Eiswürfel geben und mit
Orangensaft auffüllen.

Empfehlungen

*Kwai Feh besitzt ein zartes, elegantes Aroma und vermittelt ein
exotisches Flair.*

Er wird wie folgt verwendet:

◆ gekühlt im Likörglas
◆ on the rocks
◆ zum Mixen von Cocktails und Longdrinks
◆ zum Verfeinern von Desserts und Eiscreme
◆ mit trockenem Sekt

Wissenswertes

Gruppe	Fruchtaromalikör
Geschmacksrichtung	mild, exotisch aromatisch, leicht süß
Zusammensetzung	Fruchtextrakt, Alkohol, Zucker
Herstellungsort	Schiedam/Niederlande
Jahresabsatz	Gesamtsortiment weltweit ca. 55 Mio. Flaschen
Inhaber	de Kuyper Royal Distillers, Schiedam
Alkoholgehalt	20 % vol
Preisklasse	17–19 DM

Charleston Follies
Marie Brizard

Für den großen Ruhm der französischen Likörvielfalt steht der Name Marie Brizard wie kein anderer. Auf 245 Jahre Likörproduktion blickt man bei dem 1755 in Bordeaux gegründeten und bis zum heutigen Tag dort ansässigen Unternehmen zurück. Mit einem wasserklaren Anislikör, der ursprünglich ein Heilmittel war, begann die Firmengeschichte. Als sich mit diesem Getränk die ersten Erfolge eingestellt hatten, schuf man ab 1766 weitere Liköre für den heimischen Markt und den Export. Viele der heute als Klassiker geltenden Liköre wurden im Laufe der Zeit bei Marie Brizard entwickelt und erstmals für den Markt fabriziert. Über 30 Sorten, vom Klassiker Anisette bis zum innovativen Charleston Follies, werden heute bei Marie Brizard hergestellt und in über 120 Länder exportiert.

Die Marke

Der innovativste Likör unter all den Neuentwicklungen ist zweifellos der Charleston Follies. Mit dieser Spezialität hat das Haus Marie Brizard erneut seine Anpassungsfähigkeit an neue Marktgewohnheiten unter Beweis gestellt.

Der leichte und fruchtige Likör erhält einen Teil seines unverwechselbaren Aromas und Geschmacks von Aprikosen, Pfirsichen, Ananas, Mangos, Guaven und Passionsfrüchten. Die mehrfach ausgezeichnete Shakerflasche aus metallischem Glas stellt eine einzigartige Novität dar.

Weitere Produkte

Unter den Stichworten Anisette (s. S. 60), Peach (s. S. 150), Triple Sec (s. S. 104), Watermelon (s. S. 34) und Chocolate Royal (s. S. 192) werden die weiteren Marie-Brizard-Marken beschrieben.

Je nach Marktlage und Verbraucherwünschen werden für die internationalen Märkte bei uns nicht angebotene Sorten hergestellt. Darunter Coconut Passion, Lime Citron, Noisette, Mango Passion, Parfait Amour und der berühmte Old Lady's Gin. Marie Brizard ist auch Sirupproduzent, und bei uns gibt es

die Sorten Grenadine, Lime Juice und Sirop de Canne.

Crazy Follies

4 cl Charleston Follies
2 cl Gin
4 cl Grapefruitsaft
Im Shaker mit Eiswürfeln kräftig schütteln und in eine Cocktailschale abgießen.

Eine der neuesten Kreationen aus dem traditionsreichen Hause Marie Brizard et Roger in Bordeaux: der raffinierte Fruchtlikör in der attraktiven Shakerflasche.

Empfehlungen
Charleston Follies ist in seiner Art ein einzigartiges Produkt, leicht, mit wenig Alkohol und einem exquisiten Fruchtgeschmack.
Er wird wie folgt verwendet:
◆ leicht gekühlt im Likörglas
◆ on the rocks
◆ als Longdrink mit Eiswürfeln und Fruchtsäften
◆ als Zutat beim Mixen

Wissenswertes

Gruppe	Fruchtlikör
Geschmacksrichtung	leicht, bukettreich, fruchtig, dezent süß
Zusammensetzung	Fruchtextrakte, Alkohol, Zucker
Herstellungsort	Bordeaux/Frankreich
Jahresabsatz	Gesamtsortiment weltweit ca. 14 Mio. Flaschen
Inhaber	Marie Brizard et Roger International, Bordeaux
Alkoholgehalt	20 % vol
Preisklasse	20–22 DM

Advocaat
Bols

Die weltbekannte Firma Bols in Zoetermeer bei Amsterdam ist das älteste und größte heute noch produzierende Spirituosenunternehmen. Im Jahre 1575 begann Lucas Bols am Stadtrand von Amsterdam mit der Herstellung von Likören. Durch die Aktivitäten der Handelshäuser entwickelte sich die Stadt zu einem Zentrum des Gewürzhandels, was Lucas Bols und seinen Nachkommen die Entwicklung neuer Liköre erleichterte. Ein bis heute beliebter Likör, der zwar nicht von Gewürzen abhängig war, doch seinen Ursprung in den fernen holländischen Kolonien hatte, ist der Eierlikör.

Die Marke

Der Name Advocaat ist eine Synonymbezeichnung für Eierlikör und hat seinen Ursprung in der Avocadofrucht. Die in Mittelamerika beheimatete Avocado wurde im 16. Jahrhundert von den Spaniern nach Europa gebracht und verbreitete sich durch die Siedler in vielen tropischen und subtropischen Kolonien. Durch die Portugiesen gelangte sie nach Indien und Indonesien, und die Holländer stellten aus der Avocado mit Alkohol, Zucker und Gewürzen einen Likör her. In der Heimat ersetzte man die in Holland nicht wachsende Avocado durch Eidotter, aber von der Avocado abgeleitet bürgerte sich der Name Advocaat (Advokat, Avocat) ein.

Da Eierlikör für den häuslichen Gebrauch relativ leicht herzustellen ist und außerdem als wohlschmeckend, gesund und nahrhaft galt, fand er schon früh eine große Verbreitung. Bei Bols ist der Advocaat einer der klassischen Liköre des Sortiments und in Deutschland der meistverkaufte Eierlikör niederländischer Produktion. Eierlikör besteht aus hochwertigem Eigelb, Eiweiß, Alkohol und Zucker oder Honig. Der Eigelbanteil muss mindestens 140 Gramm pro Liter betragen, der Mindestanteil an Zucker bzw. Honig beträgt 150 Gramm pro Liter. Als einziger Likör unterschreitet der Mindestalkoholgehalt mit 14 % vol die sonst vorgeschriebenen 15 % vol.

Weitere Produkte
Die weitere Bols-Marken werden unter den jeweiligen Stichworten beschrieben.

Bel Ami

2 cl Eierlikör
2 cl Crème de Cacao weiß
2 cl Wodka
Im Shaker mit Eiswürfeln kräftig schütteln und in ein Cocktailglas abgießen.

Ein niederländischer Likörladen aus dem 16. Jahrhundert, in dem Liköre der Destillerie Bols sicher auch derzeit nicht fehlten.

Empfehlungen
Bols Advocaat ist vollmundig mit feiner Süße und eine Bereicherung bei jeder Kaffeetafel.
Er wird wie folgt verwendet:
◆ ungekühlt oder leicht gekühlt im Likörglas
◆ als Zutat beim Mixen
◆ zum Verfeinern von Desserts, Kuchen oder über Eiscreme

 *Wissenswertes*

Gruppe	Eierlikör
Geschmacksrichtung	mild, fein-süß und vollmundig
Zusammensetzung	Eigelb, Alkohol, Zucker/Honig
Herstellungsort	Zoetermeer bei Amsterdam/Niederlande
Jahresabsatz	Gesamtsortiment weltweit ca. 18 Mio. Flaschen
Inhaber	Bols Royal Distilleries
Alkoholgehalt	20 % vol
Preisklasse	12–14 DM

Citron vert
Monin

In Bourges, rund 200 Kilometer südlich von Paris, gründete Georges Monin im Jahre 1912 sein Unternehmen. Bis heute ist das Haus Monin in Familienbesitz und seit den achtziger Jahren auch in Deutschland für seine Liköre und sein umfangreiches Sirupprogramm bekannt.

Die Marke

Das Flaggschiff auf den internationalen Märkten ist der Limettenlikör Monin Original. Dieses herb-frische Getränk war bereits in der Gründerzeit hergestellt worden und in den achtziger Jahren wieder zu neuem Leben erweckt. Die Limette (englisch: Lime, französisch: Lime oder Citron vert) ist die Zitrone der Tropen. Die Frucht wird bei uns fälschlicherweise oft Limone genannt; dies ist jedoch in vielen Sprachen die Bezeichnung für die Zitrone.

Limetten sind deutlich kleiner als Zitronen, rund, tiefgrün und haben ein hoch aromatisches Fruchtfleisch und eine ebensolche Schale. Aus diesen wird für den Citron vert ein Destillat gewonnen, dem außer verschiedenen Kräuterextrakten nur noch Zucker zum Süßen zugesetzt wird. Monin Citron vert ist der weltweit einzige Limettenlikör, der im großen Umfang hergestellt wird. Im Gegensatz zu anderen Zitruslikören aus Orangen oder Mandarinen sind weitere Limettenliköre nur von wenigen kleinen Destillerien bekannt.

Weitere Produkte

Während Monin Citron vert zurzeit in Deutschland schwer erhältlich ist, werden jedoch andere Liköre und eine umfangreiche Sirupreihe angeboten. Es gibt Curaçao Bleu und Triple Sec und in der Reihe Crème de Fruits die Sorten Cassis de Dijon, Mure Sauvage, Framboise, Pêche und Fraise de Bois. Außerdem produziert das Haus Monin über 40 Sirupe sowie den Monin Bitter Aperitif ohne Alkohol.

Gabriela

2 cl Monin Citron Vert
1 cl Tawny Port
1 cl Calvados
kalter Champagner
Die Zutaten – ohne Cham-
pagner – im Rührglas mit
Eiswürfeln gut vermischen,
in eine Cocktailschale
abgießen und mit
Champagner auffüllen.

Mister Chen

4 cl Monin Citron Vert
Iced Tea
Monin mit Eiswürfeln in ein
Longdrinkglas geben und mit
Iced Tea auffüllen.

Empfehlungen
*Der klare, zartgrüne Monin Citron vert schmeckt intensiv nach Limetten
und liebt die Kühle und das Eis.*
Er wird wie folgt verwendet:
- ◆ gut gekühlt im Likörglas
- ◆ on the rocks oder auf gestoßenem Eis
- ◆ mit Eiswürfeln und Colagetränk, Tonic Water, Eistee, Sekt oder
  Fruchtsäften
- ◆ zum Mixen von Cocktails und Longdrinks

Wissenswertes

Gruppe	Limettenlikör
Geschmacksrichtung	herb-frisch, fein säuerlich, leichte Süße
Zusammensetzung	Limettenschalendestillat, Zucker, Kräuterextrakte
Herstellungsort	Bourges/Frankreich
Jahresabsatz	nicht bekannt
Inhaber	Georges Monin SA, Bourges/Frankreich
Alkoholgehalt	33 % vol
Preisklasse	28–30 DM

Mandarine Napoléon
Grande Liqueur Impériale

Während die Orangenliköre großen Anteil am Likörmarkt haben, war der große Klassiker unter den Mandarinenlikören bis vor kurzem auf dem deutschen Markt nicht zu finden. Die Ursache war ein Rechtsstreit um den Namen Napoléon, der den Import nach Deutschland lange Zeit verhinderte.

Die Marke

Als exotische Frucht wurde die Mandarine Anfang des 19. Jahrhunderts in Europa eingeführt. Den Aufzeichnungen des französischen Adeligen Antoine François Fourcroy zufolge soll bereits Napoléon Bonaparte nach dem Dinner gern einen Cognac mit eingelegten Mandarinen getrunken haben, was als besonders gut verdaulich galt. Dies inspirierte einen belgischen Spirituosenfabrikanten im Jahre 1892 dazu, einen auf diesen Zutaten basierenden Mandarine Napoléon auf den Markt zu bringen. Über viele Jahre hinweg blieb dieser hochwertige Likör dem belgischen Markt vorbehalten. Heute wird Mandarine Napoléon von der Familie Fourcroy nach dem alten Rezept hergestellt und weltweit vertrieben. Mandarine Napoléon verdankt sein Aroma und seinen ausgezeichneten Geschmack alten, erlesenen Cognacs sowie den durch Destillation aus frischen Mandarinenschalen extrahierten ätherischen Ölen.

Weitere Produkte

Der Jahrtausendwechsel bewog das Unternehmen zu einer Sonderabfüllung in eine spezielle Millenniumflasche. Diese formschöne Flasche ist keulenförmig und mit einem schweren Stöpsel sowie einem Drahtnetz und Plombe verschlossen.
Das Glas ist vielfach geriffelt, dabei aber durchsichtig. Die Millenniumflasche ist in Deutschland nicht im Angebot. Mandarine Napoléon ist aufgrund seiner Qualität nicht billig, aber natürlich seinen Preis wert. Um ihn kennen zu lernen gibt es ihn auch in kleineren Abfüllun-

gen mit 3 cl, 5 cl, 0,2 und
0,35-Liter-Flaschen.

Diane

2 cl Mandarine Napoléon
2 cl Wodka
Orangensaft
Likör und Wodka mit
Eiswürfeln in ein Long-
drinkglas geben und mit
Orangensaft auffüllen.

Die Grundidee dieses exquisiten Likörs geht angeblich auf
Napoléon Bonaparte zurück, der gern in Cognac eingelegte
Mandarinen verspeiste.

Empfehlungen

Mandarine Napoléon ist eine exzellente Kombination von Cognac und
Schalenextrakt und eine elegante Alternative zu Orangenlikören.
Er wird wie folgt verwendet:

◆ ungekühlt oder leicht gekühlt im Schwenker als Digestif
◆ on the rocks
◆ als Longdrink mit Eiswürfeln und Orangensaft oder Tonic Water
◆ zum Mixen von Cocktails und Longdrinks

 *Wissenswertes*

Gruppe	Mandarinenlikör
Geschmacksrichtung	moderat süß, samtig, feine Mandarinen-Cognac-Note
Zusammensetzung	Mandarinenschalendestillat, Cognac, Alkohol, Zucker, Kräuterextrakte
Herstellungsort	Brüssel/Belgien
Jahresabsatz	nicht bekannt
Inhaber	Fourcroy Renglet S.A., Brüssel
Alkoholgehalt	38 % vol
Preisklasse	38–40 DM

Parfait Amour
De Kuyper

Der weltweit größte Likörproduzent ist de Kuyper in Schiedam in den Niederlanden. Das 1695 gegründete Unternehmen ist in der elften Generation im Besitz der gleichnamigen Familie und wurde 1995, anlässlich des 300-jährigen Bestehens, von Königin Beatrix der Niederlande zu »Royal Distillers« ernannt. Hauptsitz des Unternehmens ist bis heute Schiedam; es wird jedoch auch in den USA, Kanada und Neuseeland produziert. In weiteren acht Ländern arbeiten Lizenznehmer nach den genauen Vorgaben von de Kuyper. In über 90 Ländern der Erde ist de Kuyper mit den unterschiedlichsten Likören präsent. In Deutschland gibt es eine umfangreiche Likörreihe mit hauptsächlich zum Mixen verwendeten Sorten sowie einige Spezialitäten.

Die Marke

Ein außergewöhnlicher, aber fast vergessener Likör ist der Parfait Amour – »perfekte Liebe«. Er wird von allen großen Likörproduzenten hergestellt, doch nur de Kuyper bietet ihn im größeren Umfang seit einigen Jahren in Deutschland an. Seine große Zeit hatte der Parfait Amour zu Beginn des letzten Jahrhunderts und in den Jahren nach dem Ersten Weltkrieg. Parfait Amour wird in Europa ausschließlich in den Niederlanden und in Frankreich hergestellt. In den USA, in denen er ebenfalls als Klassiker gilt, wird er als Crème de Violette und Crème Yvette von einigen Firmen angeboten. Obwohl alle Hersteller ähnliche Grundstoffe verwenden, sind die Unterschiede erheblich. So ausgefallen wie die lila Farbe ist auch der Geschmacksgeber dieser Spezialität. Veilchen und eine Komposition aus fernöstlichen Blütenessenzen bilden die Basis bei de Kuyper. Abgerundet mit Destillaten und Konzentraten aus Zitrone, Orange und Koriander erhält dieser Klassiker ein einzigartig geheimnisvolles Aroma,

das bei vielen Mixprofis als Geheimtipp gilt. Außerdem gibt es keinen anderen Likör, der die Eigenschaft hat, Cocktails violett einzufärben.

Weitere Produkte
De-Kuyper-Liköre werden unter den jeweiligen Stichwörtern vorgestellt. Außer den dort erwähnten Marken gibt es von de Kuyper Crème de Menthe grün und weiß, Crème de Cacao braun und weiß und Crème de Cafe, alle 24 % vol.

Violetta
2 cl Parfait Amour
2 cl weißer Tequila
1 cl Rose's Lemon Squash
5 cl roter Johannisbeernektar
Im Shaker mit Eiswürfeln
kräftig
schütteln und in ein
Stielglas abgießen.

Empfehlungen
Parfait Amour ist sehr anpassungsfähig und der Farbe wegen einen Mixversuch wert.
Er wird wie folgt verwendet:
◆ im Likörglas zum Digestif
◆ on the rocks
◆ als Longdrink mit Eiswürfeln und Fruchtsäften, Tonic Water oder Bitter Lemon
◆ zum Mixen von Cocktails

Wissenswertes

Gruppe	Fruchtaromalikör
Geschmacksrichtung	verhalten süß, exotisch aromatisch
Zusammensetzung	Zitrusdestillate, Blütenessenzen, Alkohol, Zucker, Farbstoff
Herstellungsort	Schiedam/Niederlande
Jahresabsatz	Gesamtsortiment weltweit ca. 55 Mio. Flaschen
Inhaber	de Kuyper Royal Distillers, Schiedam
Alkoholgehalt	30 % vol
Preisklasse	18–20 DM

Luxardo
Maraschino Originale

Der wasserhelle Maraschino ist zwar ein Kirschlikör, er unterscheidet sich jedoch weitgehend von den bekannten roten Fruchtsaftlikören und dem Cherry Brandy. Viele Likörproduzenten haben auch Maraschino im Programm, besonders italienische bieten diesen auch in bastumflochtenen Flaschen an, das Original ist jedoch einzig und allein Luxardo.

Die Marke

Zu Beginn des 19. Jahrhunderts war die dalmatinische Hafenstadt Zara (heute Zadar) ein wichtiger Handelsstützpunkt Venedigs und stand wie die Lagunenstadt unter der Herrschaft der Habsburger Monarchie. In Zara gründete 1821 Girolamo Luxardo seine Likörfabrik und verarbeitete die dalmatinischen Maraskakirschen zu einem besonderen Kirschlikör, dem Maraschino. Das Unternehmen entwickelte sich prächtig, und nicht nur Likörliebhaber, sondern auch die Zuckerbäcker in Wien verlangten nach diesem aromatischen Likör. Gegen Ende des Zweiten Weltkriegs wurden der Firmensitz und die Produktion nach Italien verlegt, und seit 1950 wird in Torreglia in der Nähe von Padua produziert. Für den Luxardo Maraschino werden ausschließlich Maraskaweichseln verwendet, die in den benachbarten Euganeischen Hügeln auf über 20 000 Bäumen kultiviert werden.

Bei der extrem aufwändigen Herstellung des Maraschino wird zuerst die Grundlage des Likörs, der Maraskasprit, produziert. Dafür werden die Kirschen entkernt und der Saft abgepresst. Den Pressrückstand, die so genannten Torten, füllt man zusammen mit einem aus den Kirschkernen gewonnenen Destillat in große Fässer aus Lärchenholz, gibt Gewürzextrakte hinzu und lässt diese Maische einige Monate lang ruhen. Darauf folgen eine zweimalige Destillation und eine dreijährige Reifezeit des Destillats in Eschenholzfässern. Nach der Zugabe von Zucker schließt sich eine weitere Reifezeit von einigen Monaten an, und nach anschließender Filtrierung kann der kristallklare

Maraschino in seine charakteristischen bastumflochtenen Flaschen abgefüllt werden.

Weitere Produkte
Bekannte Luxardo-Marken sind Cherry Brandy und Sambuca. In Deutschland wird jedoch nur der Maraschino angeboten.

Kaum ein Konditor verzichtet beim Verfeinern seiner Süßigkeiten auf Maraschino, wie hier im Deml, der berühmten Konditorei Wiens.

Empfehlungen
Luxardo Maraschino ist überwältigend aromatisch und prägt mit seiner Aromafülle jedes Getränk und jede Süßspeise.
Er wird wie folgt verwendet:
◆ leicht gekühlt im Likörglas
◆ on the rocks
◆ als Longdrink mit Eiswürfeln und Fruchtsäften oder Limonaden (Tonic Water)
◆ zum Verfeinern von Eiscreme, Fruchtsalat und als Aromageber in der Konditorei

Wissenswertes

Gruppe	Maraschino/Kirschlikör
Geschmacksrichtung	verhalten süß, mit intensivem Kirschgeschmack und leichter Kernnote
Zusammensetzung	Maraskakirschendestillat, Zucker, Gewürze
Herstellungsort	Torreglia, Padua/Italien
Jahresabsatz	nicht bekannt
Inhaber	Girolamo Luxardo S.A.
Alkoholgehalt	32 % vol
Preisklasse	20–22 DM für 0,5 l

Pisang Ambon

Das Rezept des Pisang Ambon stammt aus Indonesien, und auch der Name hat dort seinen Ursprung. Pisang heißt eine kleine grüne Bananenart, die auf den Amboninseln wächst. Außer dem Namen hat der leuchtend grüne Pisang Ambon jedoch nichts mit den Bananen gemeinsam. Seine Basis sind exotische Früchte, Kräuter und Gewürze.

Die Marke

Aus dem damals noch holländischen Indonesien brachte 1948 ein heimkehrender Soldat das Rezept einer Spezialität mit. Auf der Grundlage von verschiedenen, ausgesuchten exotischen Früchten und tropischen Kräutern und Gewürzen mischte er einen aromatischen Likör, den die Distillerie Levert & Co unter dem Namen Pisang Ambon vertrieb. 1972 wurde das Unternehmen von Henkes United Distillers, dem damals drittgrößten niederländischen Spirituosenhersteller, mit der schon damals erfolgreichen Marke Pisang Ambon übernommen. In den achtziger Jahren, als die Cocktails wieder modern und auch leichte exotische Fruchtdrinks immer beliebter wurden, boomte der niederländische Likörmarkt – und ganz weit voran der Pisang Ambon.

Über 20 Kopien überschwemmten zu dieser Zeit den Markt und verschwanden ebenso schnell, wie sie gekommen waren. Das Original blieb die Nummer eins und wurde, ausgehend von den Beneluxländern, Frankreich und Skandinavien, rasch zu einer führenden Marke im Segment der exotisch-fruchtigen Longdrinkliköre. In Deutschland wurde Pisang Ambon 1983 eingeführt und war auf Anhieb erfolgreich. Mit Pisang Ambon schloss sich auch endlich die Lücke der Farbe Grün beim Mixen. Im Jahre 1986 übernahm das ebenfalls niederländische Welthaus Bols die Henkes-Gruppe und damit auch den weltweiten Vertrieb des inzwischen etablierten geheimnisvollen grünen Likörs.

Weitere Produkte

Pisang Ambon wird verschiedentlich auch als Mixgetränk in Dosen, gemischt mit Orangensaft, angeboten.

Pisang Pistacha

6 cl Pisang Ambon
2 cl Amaretto
4 cl Sahne
Im Shaker mit Eiswürfeln
kräftig schütteln und in ein
Stielglas abgießen.

Pisang Cooler

4 cl Pisang Ambon
2 cl Wodka
12 cl Orangensaft
Im Shaker mit Eiswürfeln kräftig
schütteln und in ein Longdrinkglas auf Eiswürfel abgießen.

Empfehlungen

Pisang Ambon und Orangensaft sind eine ideale Verbindung für einen
fruchtigen und aromatischen Longdrink.
Er wird wie folgt verwendet:

◆ gut gekühlt im Likörglas
◆ on the rocks
◆ als Longdrink mit Eiswürfeln und Orangensaft, anderen Fruchtsäften
  oder Limonaden
◆ zum Mixen von Cocktails und fruchtigen Longdrinks

Wissenswertes

Gruppe	Fruchtlikör
Geschmacksrichtung	exotisch-fruchtig, verhalten süß
Zusammensetzung	Früchte- und Kräuterextrakte, Alkohol, Zucker, Aromastoffe, Farbstoff
Herstellungsort	Amsterdam/Niederlande
Jahresabsatz	nicht bekannt
Inhaber	Bols Royal Distilleries, Amsterdam
Alkoholgehalt	21 % vol
Preisklasse	18–20 DM

Cœur du Breuil
Liqueur au Calvados

Neben dem Cognac und dem Armagnac ist der Calvados die dritte weltbekannte Spirituose Frankreichs. Allen dreien gemeinsam ist eine weit zurückreichende Entstehungsgeschichte und ein über Jahrhunderte gewachsenes Wissen über die komplexen Vorgänge der Spirituosenherstellung. Der grundlegende Unterschied des Calvados zu den beiden anderen liegt im Ausgangsprodukt, denn Calvados wird aus Äpfeln und nicht aus Trauben hergestellt. Für ihn werden Äpfel zuerst zu Cidre – dem berühmten Apfelmost – verarbeitet. Das Destillat daraus ergibt den Calvados. Strenge gesetzliche Vorschriften begleiten den Calvados von der Ernte der Äpfel bis zum Ende seiner oft jahrzehntelangen Reifung.

Die Marke

Im Herzen der Normandie, im Pays d'Auge, jener Region, für die besondere Qualitätsauflagen gelten, hat die Destillerie Château du Breuil im gleichnamigen Schloss ihren Sitz. In dem über 700 Jahre alten Château werden alle Arbeiten von der Auswahl der Früchte bis hin zur erst mehrere Jahre später folgenden Flaschenabfüllung von nur 15 Personen bewältigt. Berühmt ist das Château für seine lange gereiften Calvadosqualitäten, die in mit Kordeln umwickelten und von Hand versiegelten Flaschen angeboten werden.

Als erstes Unternehmen stellte Château du Breuil nun einen Calvadoslikör vor. Dieser nur aus natürlichen Zutaten, im Wesentlichen aus Calvados, Apfelsaft, Zucker und Apfelaroma, hergestellte Likör ist in jeder Hinsicht eine Novität. In ihm ist die Frische des Apfelsafts mit dem Charakter des Calvados gepaart und mit einer abrundenden Süße versehen. Cœur du Breuil ist die

neueste Likörkreation des beginnenden Jahrtausends. Seine Markteinführung begann in Frankreich, den Niederlanden und Spanien, und seit April 2000 wird er auch bei uns angeboten.

In der Destillerie Château du Breuil lagert oft jahrzehntelang der berühmte Calvados. Neu ist der Calvadoslikör.

Weitere Produkte
Calvados verschiedener Altersstufen und Vieille Prune, ein lange gereifter Pflaumenbrand.

Empfehlungen
Cœur du Breuil Liqueur au Calvados ist fruchtig und frisch und sollte unbedingt gekühlt getrunken werden.
Er wird wie folgt verwendet:
◆ gut gekühlt im Likörglas
◆ on the rocks
◆ als Longdrink mit Eiswürfeln und Fruchtsäften

Wissenswertes

Gruppe	Fruchtlikör auf der Basis von Calvados
Geschmacksrichtung	mild, verhalten süß, fruchtig
Zusammensetzung	Calvados, Apfelsaft, Zucker, natürliches Apfelaroma
Herstellungsort	Château du Breuil, Le Breuil-en-Auge, Normandie/Frankreich
Jahresabsatz	nicht bekannt
Inhaber	Château du Breuil S.A./Le Breuil-en-Auge
Alkoholgehalt	24 % vol
Preisklasse	35 DM

Kirschlikör

Fruchtgenuss und Trinkvergnügen

Ein Likörklassiker ist der Kirschlikör. Er nimmt seit alter Zeit eine überragende Stellung ein und ist in seiner Kategorie – den Fruchtsaftlikören – der unangefochtene Spitzenreiter. Seine fruchtige Frische und sein vollmundiger Geschmack bestätigen immer wieder seine Favoritenrolle.

Der Ursprung

Neben den von Mönchen in Klöstern entwickelten Kräuterlikören dürfte der Kirschlikör einer der ältesten Liköre überhaupt sein. Schon 1630 erwähnt Hieronymus Tragus die Zubereitung von Kirschlikör in seinem berühmten Kräuterbuch. Bis heute ist dieser feine Likör höchst beliebt, und jeder große internationale Likör-Sortimentsproduzent hat Kirschlikör und/oder Cherry Brandy im Programm. Auch Einzelmarken wie der dänische Heering Cherry sind weltweit bekannt. Große Likörhersteller wie Grand Marnier und Cointreau bereiteten Fruchtliköre, bevor sie mit ihren Orangenlikören berühmt wurden. Grand Marnier bietet bis heute (leider nicht in Deutschland) mit dem Cherry Marnier einen Kirschlikör in außergewöhnlicher Qualität an. Alle Länder Mitteleuropas betreiben intensiven Obstanbau, und überall wo es Kirschen gibt, gibt es auch Kirschlikör.
Die wichtigsten Herstellerländer sind Frankreich, die Niederlande, Deutschland, die Schweiz, Italien, Dänemark und Österreich. Aus ihnen sind zahlreiche Kirschlikörmarken bekannt, und nicht wenige davon genießen Weltruf.

Die Herstellung

Kirschlikör ist ein Fruchtsaftlikör, und mindestens 20 Liter Kirschsaft müssen für 100 Liter Fertigerzeugnis verwendet werden. Dazu kommt lediglich Zucker, Wasser und Neutralalkohol oder ein fruchteigenes Destillat. Der Zusatz weiterer Fruchtsäfte und natürlicher Aromastoffe ist erlaubt, eine Färbung jedoch unzulässig. Eine besondere Art Kirschlikör ist der Cherry Brandy. Er ist eine Zubereitung aus Kirschsaft, Kirschwasser, Neutralalkohol, Zucker und Wasser. Cherry Brandy muss einen genügenden Gehalt an Kirschsaft und Kirschwasser (mindestens fünf Liter zu 40 % vol je 100 Liter Fertigerzeugnis) haben, um den Geruch und Geschmack dieser Stoffe erkennen zu lassen. Essenzen, die geeignet sind,

Kirschen sind seit alter Zeit beliebte Likörgrundlage.

Das milde Klima des Breisgaus im Südwesten Deutschlands ist für den Obstanbau ideal. Davon profitieren auch die Liköre aus dem Hause Schladerer.

einen höheren Gehalt an Kirschwasser vorzutäuschen, dürfen ebenso wenig wie Farbstoffe zugesetzt werden. Die Bezeichnung »Brandy«, die ja sonst den Destillaten aus Wein vorbehalten ist, darf außer für den Cherry Brandy nur für die mit Fruchtdestillaten hergestellten »Fruchtbrandys« Prune Brandy, Orange Brandy und Apricot Brandy verwendet werden. Eine weitere Kirschlikörvariante ist der Maraschino. Dies ist ein wasserheller Fruchtaromalikör, der unter Mitverwendung von Kirschbrand aus der adriatischen Maraska-Sauerkirsche hergestellt wird (siehe Luxardo Maraschino Seite 134).

Die Verwendung

Bei der Kirschernte muss sorgfältig und aufmerksam gearbeitet werden.

Kirschliköre trinkt man ungekühlt oder leicht gekühlt im Likörglas. Sie eignen sich als Digestif und zum Genuss in Verbindung mit Kaffee. Kirschlikör und Cherry Brandy verfeinern fruchtige Longdrinks und sind beim Mixen vieler Rezepte ein unentbehrlicher Geschmacksgeber.

Heering
Cherry Liqueur

Dänemark hat mit seinem feinsten Likör, dem Heering Cherry, schon seit weit über 100 Jahren einen Likörklassiker auf den Weltmärkten. Diese wohl älteste Kirschlikörmarke wird in über 140 Länder der Erde exportiert und bis heute in so gut wie unveränderter Rezeptur angeboten.

Die Marke

Am 1. Dezember 1818 eröffnete ein junger Mann mit Namen Peter Heering in Kopenhagen einen Kaufmannsladen. Unter anderem verkaufte er einen selbst hergestellten Kirschlikör, der sich durch seinen natürlichen Kirschgeschmack auszeichnete. Die Rezeptur hatte er von seinem Lehrherrn bekommen, und zunächst stellte er das Getränk nur in kleinen Mengen her. Die Zahl der Kunden wuchs ständig, und bald war Heering Cherry eine feste Größe unter den Likören der damaligen Zeit. Unzählige Gold- und Erste-Klasse-Medaillen, die heute noch das Etikett des Likörs zieren, bestätigten die außergewöhnliche Qualität. 1876 wurde die Firma zum königlichen Hoflieferanten ernannt.

Die Basis des Heering Cherry sind die kleinen dunklen Stevns-Kirschen. Diese werden auf speziellen Plantagen um die Ortschaft Dalby auf der Insel Seeland angebaut. Dort sorgen kalkhaltige Böden für optimale Wachstumsbedingungen, und die lange Reifezeit in der Region macht sie besonders fruchtig und aromatisch. Die Kirschen werden im August geerntet und zusammen mit den Steinen gepresst, was dem Likör die charakteristische Mandelnote gibt. Die Rohmasse wird mit Alkohol angesetzt und geschmacklich durch eine ebenso erlesene wie geheime Gewürzmischung verfeinert. Der aufwändigen Mazeration folgen die Fertigstellung des Likörs und eine dreijährige Reifezeit in Eichenholzfässern. Nach dieser Zeit hat der Likör seinen eigenen, unverwechselbaren Charakter entwickelt.

Weitere Produkte

Heering Cherry entstammt einem der wenigen Unternehmen, das seine Aktivitäten ausschließlich auf ein einziges Produkt konzentriert – mit ein Grund für seine Individualität.

Cherry Banana

4 cl Heering Cherry
2 cl Crème de Banane
6 cl Sahne
Im Shaker mit Eiswürfeln
kräftig schütteln und in eine
Cocktailschale abgießen.

Singapore Sling

4 cl Gin
2 cl Heering Cherry
1 cl Grenadine
2–3 cl Zitronensaft
1 Spritzer Angostura
Sodawasser
einige Spritzer Bénédictine
Alle Zutaten – ohne Soda-
wasser – im Shaker mit Eiswürfeln kräftig schütteln. Ins
Glas abgießen, mit Soda auffüllen und einige Spritzer
Bénédictine dazugeben.

Empfehlungen

Heering Cherry ist vollfruchtig und unaufdringlich süß, mit eigenem unverwechselbaren Charakter.

Er wird wie folgt verwendet:

◆ ungekühlt oder leicht gekühlt im Likörglas als Digestif
◆ on the rocks
◆ als Longdrink mit Eiswürfeln und Fruchtsäften oder Limonaden (Tonic Water)
◆ als Geschmacksträger und Basis beim Mixen

 ## *Wissenswertes*

Gruppe	Kirschlikör, Fruchtsaftlikör
Geschmacksrichtung	fruchtig, vollmundig und unaufdringlich süß
Zusammensetzung	Kirschsaft, Alkohol, Gewürze, Zucker
Herstellungsort	Kopenhagen/Dänemark
Jahresabsatz	nicht bekannt
Inhaber	bis 1990 Familie Heering, dann Danisco Distillers und seit Januar 2000 die schwedische V & S/Absolut Co.
Alkoholgehalt	25 % vol
Preisklasse	28–30 DM

Kirsch Liqueur
Schladerer

Europas größter und bekanntester Obstbrandproduzent ist auch Hersteller einer interessanten Reihe von Likören. Die alkoholische Basis dieser Spitzenprodukte ist der jeweilige sortentypische Obstbrand.

Die Marke

Im äußersten Südwesten Deutschlands liegt zwischen Rhein und Schwarzwald der Breisgau. In dieser von der Sonne verwöhnten Region hat im Städtchen Staufen, nahe der Schwarzwaldmetropole Freiburg, die berühmte Alte Schwarzwälder Hausbrennerei Schladerer ihren Sitz. Der Ursprung des Unternehmens geht auf Sixtus Balthasar Schladerer zurück, der schon um 1810 Obstbrenner in Bamlach am Oberrhein gewesen war. Sein Sohn Sixtus übernahm dann im Jahre 1844 – das heute als Gründungsjahr gilt – die Kreuz-Post in Staufen. Sie ist der Ursprung des Unternehmens, das bis heute von den direkten Nachfahren geleitet wird.

Die Obstbrände von Schladerer sind in über 40 Ländern der Erde zu finden und haben ihren festen Platz in der internationalen Gastronomie wie kaum eine andere deutsche Spirituosenmarke. Außer den Obstbränden ist von alters her die Likörbereitung ein wichtiger Zweig der renommierten Firma. Zu ihrer Herstellung werden ausschließlich hochwertige Fruchtsäfte, reiner Kristallzucker und das jeweilige fruchteigene Destillat verwendet. Auf Aroma- bzw. Konservierungsstoffe wird dabei gänzlich verzichtet.

Dieses aufwändige Verfahren garantiert eine außergewöhnliche Qualität, durch die sich Schladerer-Obstbrandliköre von anderen unterscheiden und die sie zu Recht zu echten Klassikern werden ließ.

Weitere Produkte

Die Alte Schwarzwälder Hausbrennerei Schladerer bietet außerdem Himbeer-, Williams-, Cassis-, Aprikosen- und Quittenlikör an. Alle diese Sorten sind tendenziell eher zurückhaltend in der Süße, bringen aber bei ansehnlichen 28 % vol die besondere Intensität ihres Aromas voll zur Geltung.

Cherry Sour

4 cl Schladerer
Kirsch Liqueur
3 cl Zitronensaft
3 cl Orangensaft
Im Shaker mit Eiswürfeln
kräftig schütteln und in ein
Stielglas abgießen.

Die Schwarzwälder Destillerie Schladerer in Staufen produziert
neben zahlreichen Obstbränden auch eine Reihe von Fruchtlikören.

Empfehlungen

*Schladerer Obstbrandliköre sind zurückhaltend in der Süße, ausgewogen
und von gefälliger Konsistenz.*
Sie werden wie folgt verwendet:

◆ ungekühlt oder leicht gekühlt im Likörglas als Digestif
◆ on the rocks
◆ als Longdrink mit Eiswürfeln und Fruchtsäften oder Limonaden
◆ als Geschmacksträger und Basis beim Mixen

Wissenswertes

Gruppe	Obstbrandliköre
Geschmacksrichtung	fruchtbetont und zurückhaltend süß
Zusammensetzung	sortentypische Obstbrände und Fruchtsäfte
Herstellungsort	Staufen im Breisgau/Schwarzwald
Jahresabsatz	nicht bekannt
Inhaber	Alfred Schladerer GmbH/Staufen im Breisgau
Alkoholgehalt	alle Sorten 28 % vol
Preisklasse	20–25 DM für 0,5 l

Cherry Brandy
Bols

Bis 1575 zurück reicht die Geschichte des heutigen Welthauses Bols. Damals gründete Lucas Bols in Amsterdam einen kleinen Betrieb, in dem er als ersten Likör Anisette herstellte. Die Firma entwickelte sich über die Jahrhunderte mit großer Sortimentsvielfalt zum heutigen Großunternehmen. Nach dem ebenfalls niederländischen Unternehmen de Kuyper ist Bols der größte Likörsortimentsproduzent der Welt.

Die Marke

Der Kirschlikör zählt auch bei Bols zu den ältesten und tradtionsreichsten Marken. Bols bietet heute drei Liköre aus Kirschen an, wobei sich der Cherry Brandy, der Prinzenkirsch und der Maraschino wesentlich voneinander unterscheiden. Bols Cherry Brandy ist ein halbtrockener Kirschlikör, der aus dem Saft der dunkelroten Maraska-Sauerkirsche hergestellt wird. Dabei werden beim Pressen auch Kirschkerne zerdrückt, die zum besonderen Charakter des Cherry Brandy beitragen.

Außer dem Fruchtsaft enthält Bols Cherry Brandy Kirschwasser, Zucker, Wasser und Neutralalkohol. Bols Cherry Brandy ist die in Deutschland meistverkaufte Cherry-Brandy-Marke. Der Bols Prinzenkirsch (20 % vol) entspricht im Wesentlichen dem Cherry Brandy, weist jedoch kein Kirschwasser – dafür aber einen höheren Fruchtsaftanteil – auf. Eine besondere Art Kirschlikör ist der wasserklare Maraschino (siehe Luxardo S. 134). Seine Basis ist ein Destillat, das aus vergorenen und in Alkohol eingemaischten Maraska-Kirschen stammt. Dazu kommen Wasser, Zucker und zu guter letzt aromatische Kräuterauszüge. Bols Maraschino hat 30 % vol Alkoholgehalt.

Weitere Produkte

Außer dem Cherry Brandy stellt Bols mit dem Apricot Brandy (24 % vol) einen weiteren Fruchtbrandy her. Dieser wird

mit altem Wein-
brand verfeinert
und mit Mandel-
extrakten aro-
matisiert. Wei-
tere Bols-Liköre
werden unter
den jeweiligen
Stichwörtern
beschrieben.

Florida Sling

4 cl Gin
2 cl Cherry Brandy
2 cl Zitronensaft
1 cl Grenadine
8 cl Ananassaft
Im Shaker mit Eiswürfeln kräftig
schütteln und in ein Longdrinkglas mit Eiswürfeln abgießen.

Empfehlungen

*Bols Cherry Brandy unterscheidet sich mit seinem feinen, halbtrockenen
Charakter in angenehmer Weise von süßen Likören.*
Er wird wie folgt verwendet:
◆ leicht gekühlt im Likörglas
◆ on the rocks
◆ als Longdrink mit Eiswürfeln und Fruchtsäften
◆ zum Mixen aromatischer Cocktails und Longdrinks

Wissenswertes

Gruppe	Kirschlikör/Cherry Brandy
Geschmacksrichtung	fruchtig, dezent süß
Zusammensetzung	Kirschsaft, Kirschwasser, Alkohol, Zucker
Herstellungsort	Zoetermeer bei Amsterdam/Niederlande
Jahresabsatz	Gesamtsortiment weltweit ca. 18 Mio. Flaschen
Inhaber	Bols Royal Distilleries
Alkoholgehalt	24 % vol
Preisklasse	16–18 DM

Pfirsichlikör

eine köstliche Frucht auf neuen Wegen

Die aromatischen Pfirsiche zählen zu den köstlichsten Früchten der Erde. Sie wurden schon 2000 v. Chr. in China kultiviert, und wahrscheinlich gelangten sie über Persien und Griechenland nach Italien. Der lateinische Name Persica belegt, dass Pfirsiche im Altertum auf diesem Weg das Abendland erreichten, oder aber dass auch in Persien Pfirsiche wuchsen. Wie dem auch sei, die Mittelmeerländer Italien, Frankreich und Spanien sind heute die großen europäischen Produzenten. Weitere Länder mit großer Produktion sind die USA sowie Argentinien und Australien. Auch in Deutschland, und hier bevorzugt in den Weingegenden, werden Pfirsiche angebaut, und Pfirsichliköre sind in diesen Regionen seit langem bekannt.

Der Ursprung

Obwohl Pfirsiche in Deutschland wachsen, entstand nie eine große überregionale Likörmarke. Die Ursache lag zum einen in den relativ geringen Erntemengen und zum anderen in der außergewöhnlich schwierigen Verarbeitung. Auch in den südlichen Ländern mit großen Erntemengen war daher der Pfirsichlikör stets eine wenig produzierte Likörart. Nur in Frankreich wurde ein international bekannter Pfirsichlikör hergestellt. Es war das berühmte Likörunternehmen Marie Brizard et Roger in Bordeaux, dass einen Peach Brandy (30 % vol) anbot. Als jedoch ab 1989 die EU-Verordnungen den Pfirsichlikör als Fruchtbrandy nicht mehr berücksichtigten, stellte man bei Marie Brizard die Produktion ein. Mittlerweile waren verbesserte technische Methoden zur Aromagewinnung bekannt, und auch bei Marie Brizard folgte man dem Trend zu niedrigprozentigen Likören. In den achtziger Jahren kamen die neu entwickelten Pfirsichliköre mit geringem Alkoholgehalt auf den Markt. 1984 erfolgte die Einführung von Peachtree und Pecher Mignon, 1989 kam Pepino Peach, und 1992 brachte Marie Brizard seinen neuen Peach. Diese vier sind derzeit die größten und renommiertesten Marken.

Die Destilleriekessel des Unternehmens Marie Brizard et Roger in Bordeaux.

Die Herstellung

Ein neben dem Peach Brandy früher relativ bekannter Likör auf Pfirsichbasis war der Persico. Dieser süße rötliche Likör hatte zwar wenig Pfirsicharoma,

Pfirsiche benötigen zur Reifung ein mildes, sonniges Klima. Der Süden Europas ist somit prädestiniert für ertragreiche Ernten.

dafür aber ein starkes, von den reichlich mitverarbeiteten Steinen herrührendes Bittermandelaroma. Gegen die vielen neuartigen Fruchtliköre und Softspirituosen führte der Persico jedoch einen aussichtslosen Kampf. Alles, was heute an Likören den Pfirsich zur Basis hat, ist frisch, fruchtig, aromatisch und nur leicht alkoholisch. Nicht ohne Grund weisen die großen Marken nur einen Alkoholgehalt zwischen 15 und 20 % vol auf. Dies entspricht dem Wunsch der Verbraucher und ist auch in Hinsicht auf die Branntweinsteuer für die Hersteller interessant. Die auf den folgenden Seiten vorgestellten Pfirsichliköre sind Fruchtaromaliköre. Sie werden aus Pfirsichdestillaten oder -extrakten sowie Neutralalkohol, Zucker und Wasser hergestellt. Die Verwendung künstlicher Aromastoffe ist dabei nicht erlaubt, eine Färbung mit künstlichen Farbstoffen jedoch zulässig.

Die Verwendung
Alle Pfirsichliköre sind hocharomatisch und werden vielfach als Basis für leichte, erfrischende Longdrinks verwendet. Die beliebtesten Zugaben sind Sekt, Orangensaft, Bitter Lemon und Tonic Water. Man trinkt sie leicht gekühlt pur oder »on the rocks«, und auch als Mixlikör haben sich die Pfirsichliköre durchgesetzt.

Peach
Marie Brizard

Marie Brizard in Bordeaux ist nach den beiden niederländischen Unternehmen de Kuyper und Bols sowie dem bei uns wenig bekannten US-Unternehmen Hiram Walker Cordials der größte Likörsortimentsproduzent. Die ebenfalls französischen Likörriesen Grand Marnier und Cointreau verkaufen von ihren Einzelmarken in etwa so viel wie Marie Brizard mit seinem Gesamtsortiment. Sie sind jedoch auf ihre Einzelmarken festgelegt. Bei Marie Brizard setzt man seit jeher auf eine große Sortenvielfalt, nicht zuletzt dadurch bedingt, dass Marie Brizard viele der heute als Klassiker bekannten Liköre erst erfunden und erstmals hergestellt hat. Dies erlaubt Marie Brizard eine große Sortimentsflexibilität und eine schnelle Reaktion auf die Wünsche der Verbraucher. Erfolgreiche Einführungen der letzten Jahre waren u. a. Lime Citron, Coconut Passion, Mango Passion und Coconut, die jedoch in Deutschland nicht angeboten werden.

Die Marke

Eine der großen alten Marken von Marie Brizard ist der Peach. Für ihn sind Pfirsiche der Provence die Basis. Bei Marie Brizard hat man eine lange Erfahrung in der Verarbeitung von Pfirsichen, denn der heutige Peach ist der Nachfolger des früheren Peach Brandy, der mit 30 % vol angeboten wurde. Marie Brizard war mit diesem lange Jahre der einzige Anbieter eines Pfirsichlikörs, der internationalen Ruf genoss.

Dem Trend folgend, ersetzte man diesen durch den niedrigprozentigeren Peach. Weitere fruchtige Marie-Brizard-Liköre sind: Crème de Cassis (15 % vol) aus burgundischen schwarzen Johannisbeeren, Crème de Framboise (20 % vol) aus Himbeeren der Region um Dijon in Burgund, Crème de Banane (25 % vol) aus kleinen afrikanischen Bananen, Mandarine (25 % vol) aus den fri-

In der Destillerie Marie Brizard et Roger in Bordeaux wird der Pfirsichlikör geprüft.

schen Schalen andalusischer Mandarinen und Apry, der Apricot Brandy (30 % vol) aus Aprikosen aus dem Roussillon im Süden Frankreichs.

Weitere Produkte
Unter den Stichworten Watermelon (s. S. 34), Triple Sec (s. S. 104), Anisette (s. S. 60), Chocolate Royal (s. S. 192) und Charleston Follies (s. S. 124) werden die weiteren Marie-Brizard-Liköre beschrieben.

Peach Bunny
3 cl Marie Brizard Peach
3 cl Crème de Cacao weiß
3 cl Sahne
Im Shaker mit Eiswürfeln kräftig schütteln und in eine Cocktailschale abgießen.

Empfehlungen
Marie Brizard Peach ist sehr aromatisch und mit seinem geringen Alkoholgehalt ideal zum Mischen mit Fruchtsäften oder Sekt.
Er wird wie folgt verwendet:
◆ leicht gekühlt im Likörglas
◆ on the rocks
◆ als Longdrink mit Eiswürfeln und Fruchtsäften oder Sekt
◆ als Zutat beim Mixen

 ### Wissenswertes

Gruppe	Pfirsichlikör
Geschmacksrichtung	verhalten süß, aromatisch, fruchtig, leicht
Zusammensetzung	Pfirsichdestillat, Alkohol, Zucker
Herstellungsort	Bordeaux/Frankreich
Jahresabsatz	Gesamtsortiment weltweit ca. 14 Mio. Flaschen
Inhaber	Marie Brizard et Roger International, Bordeaux
Alkoholgehalt	18 % vol
Preisklasse	18–20 DM

PFIRSICHLIKÖR

Peachtree
De Kuyper

Das traditionsreiche Unternehmen de Kuyper wurde 1695 in Schiedam/Niederlande gegründet und ist heute der größte Likörproduzent der Welt. De Kuyper wird in über 90 Ländern angeboten, und außer in Schiedam wird in Kanada, den USA und Neuseeland und in weiteren acht Ländern von Lizenznehmern produziert.

Die Marke

Eine Produktinnovation und weltweit eine der erfolgreichsten Neueinführungen war der 1984 von de Kuyper/USA entwickelte Peachtree. Dieser damals völlig neue leichte, frische und fruchtige Pfirsichlikör wurde im Jahre 1986 auch auf dem deutschen Markt eingeführt. Seit 1993 präsentiert sich der kristallklare Peachtree in einer neuen Ausstattung und in satinierten Flaschen.

Peachtree ist heute der bekannteste Pfirsichlikör und international das erfolgreichste Einzelprodukt des Hauses de Kuyper. Für ihn wurde ein eigenes hochmodernes Herstellungsverfahren entwickelt. Damit war es möglich, den Duft der Pfirsiche besonders konzentriert festzuhalten und im höchsten Grade zu verdichten.

Weitere Produkte

Die Reihe der klassischen Mixliköre von de Kuyper wird bei Crème de Bananes (s. S. 32), Parfait Amour (s. S. 132) und Curaçao Red (s. S. 106) vorgestellt. Des Weiteren bietet de Kuyper in Deutschland die Marken Nassau Orange (s. S. 98) und Kwai Feh (s. S. 122) an.

Ein weiteres berühmtes Produkt bei de Kuyper ist die klassische holländische Spirituose, der Genever. Es gibt Oude Jenever (38 % vol) mit einem mild-würzigen Geschmack und Jonge Jenever, der einen feinen und milden Geschmack aufweist. Beide werden in den berühmten Flaschen mit dem »Knick« angeboten. Eine beliebte Geneverspezialität ist der Bessen-Genever. Dies ist mit Johannisbeer-

saft versetzter Jonge Jenever. De
Kuyper Bessen (20 % vol) wird
mit schwarzen Johannisbeeren
und de Kuyper »Saurer Bessen«
(16 % vol) mit roten Johannisbeeren zubereitet.

Galaxis

4 cl Peachtree
2 cl weißer Rum
1 cl Zitronensaft
12 cl Orangensaft
Im Shaker mit Eiswürfeln kräftig
schütteln und in ein Longdrinkglas auf Eiswürfel abgießen.

Sex on the beach

3 cl Peachtree
3 cl Wodka
6 cl Preiselbeernektar
6 cl Ananassaft
Im Shaker mit Eiswürfeln
kräftig schütteln und in ein
Longdrinkglas auf Eiswürfel
abgießen.

Empfehlungen

*Der kristallklare Peachtree ist pur und zum Mixen gleichermaßen
beliebt.*
Er wird wie folgt verwendet:
◆ leicht gekühlt im Likörglas
◆ on the rocks
◆ als Longdrink mit Eiswürfeln und Fruchtsaft
◆ zum Mixen von Cocktails und Longdrinks

Wissenswertes

Gruppe	Pfirsichlikör
Geschmacksrichtung	leicht, fruchtig, frisch, verhalten süß
Zusammensetzung	Pfirsichdestillat, Alkohol, Zucker
Herstellungsort	Schiedam/Niederlande
Jahresabsatz	Gesamtsortiment weltweit ca. 55 Mio. Flaschen
Inhaber	de Kuyper/Schiedam
Alkoholgehalt	20 % vol
Preisklasse	18–20 DM

Pêcher Mignon
Apéritif à la Pêche Blanche

Weiße Pfirsiche, unter der Sonne des Mittelmeers gereift und von einem intensiven Aroma geprägt, bilden die Basis dieses Pioniers der neuartigen Pfirsichliköre. Pêcher Mignon gilt in seiner Heimat Frankreich als »Apéritif léger«, womit leicht und leichtsinnig gemeint ist. Nicht umsonst bedeutet Pêcher Mignon auf Französisch auch »die niedliche Sünde«.

Die Marke

Die Apéritiverie St. Jehan entwickelte zu Beginn der achtziger Jahre den Pêcher Mignon. Er war der Erste der neuartigen, leichten Pfirsichliköre und ab 1984 auch der Erste, der auf dem deutschen Markt angeboten wurde. Die aus kleinen Anfängen entstandene Marke wurde ursprünglich in Maretz/Elsass hergestellt. Heute kommt der Pêcher Mignon aus Rochecorbon, einem kleinen, östlich von Tours an der Loire gelegenen Ort. Obwohl Pêcher Mignon als Aperitif entwickelt wurde, ist er als Likör ebenso erfolgreich und aufgrund seiner Leichtigkeit vielseitig verwendbar.

Leider sind über das Herstellungsverfahren keine neueren Angaben zu erhalten. Es ist aber anzunehmen, dass das ursprüngliche Verfahren beibehalten wurde. Diesem verdankte man ja die Qualität und damit auch den Erfolg. Drei getrennte Verfahren waren erforderlich, um die wertvollen Aromen des Pfirsichs einzufangen. Ein Teil der Früchte wurde in einer Mühle zerkleinert, ohne die Steine zu zerstören. Diese Maische wurde vermischt mit Alkohol drei Monate gelagert. Ein anderer Teil der Pfirsiche wurde ohne Steine zerkleinert und sofort – ohne die bei Obstwässern nötige Vergärung der Früchte – zusammen mit Alkohol angesetzt und anschließend destilliert. Von einem weiteren Teil der Pfirsiche wurde frischer Saft abgepresst, der filtriert und achtfach konzentriert wurde. Alle drei Komponenten, Mazerat aus Pfirsichmaische, Pfirsichdestillat und der konzentrierte Pfirsichsaft, wurden dann in genau bemessenen Anteilen unter Zu-

satz von Kristallzucker zur endgültigen Reife gelagert, gefiltert
und abgefüllt.

Peach Velvet

3 cl Pêcher Mignon
1 cl Grenadine
3 cl Orangensaft
kalter Champagner

Die Zutaten – ohne Champagner – im Shaker mit Eiswürfeln kräftig schütteln und in
ein Kelchglas abgießen. Mit
Champagner auffüllen.

Peach Blossom

4 cl Pêcher Mignon
2 cl weißer Rum
1 cl Grenadine
1 cl Zitronensaft
4 cl Sahne

Im Shaker mit Eiswürfeln
kräftig schütteln und in ein
Stielglas abgießen.

Empfehlungen

Pêcher Mignon ist aromatisch, fruchtig und mit Sekt ein beliebter Aperitif.
Er wird wie folgt verwendet:

◆ gut gekühlt im Likörglas
◆ on the rocks
◆ als Longdrink mit Eiswürfeln und Fruchtsäften oder Sekt
◆ zum Mixen leichter Aperitifs
◆ zu Süßspeisen, Eiscreme und Obstsalat

Wissenswertes

Gruppe	Pfirsichlikör
Geschmacksrichtung	leicht, fruchtig, aromatisch
Zusammensetzung	Frucht- und Pflanzenauszüge, Alkohol, Zucker
Herstellungsort	Rochecorbon bei Tours an der Loire/Frankreich
Jahresabsatz	nicht bekannt
Inhaber	Apéritiverie St. Jehan
Alkoholgehalt	18 % vol
Preisklasse	18–20 DM

Pepino Peach
Danish Distillers

Einer der größten nordeuropäischen Spirituo-senproduzenten sitzt in Dänemark. Die ehemalige Danske Spritfabrikker, die heutigen Danish Distillers, sind berühmt für ihre Aalborg Akvavits und für den in Berlin hergestellten Malteserkreuz. Im Zuge einer umfassenden Zusammenlegung vieler dänischer Destillerien wurde 1881 das Unternehmen gegründet. Heute hat sein Einfluss fast Monopolcharakter, und alle großen dänischen Spirituosen und Liköre sind unter dem Dach des Unternehmens vereint. Das war bisher so und wird sich auch dadurch nicht ändern, dass ein in den letzten 20 Jahren unglaublich erfolgreiches schwedisches Unternehmen (Absolut Vodka) am 1. Januar 2000 die Danish Distillers übernahm.

Die Marke
Wenn man Pfirsichlikör hört, denkt man sicher nicht gleich an ein nördliches Land wie Dänemark. Da in der heutigen Zeit der Ernteort keine so große Rolle mehr spielt wie früher und außer der Qualität der Früchte vor allem das Herstellungsverfahren wichtig ist, fiel bei den Danish Distillers Ende der achtziger Jahre die Entscheidung, leichte und fruchtige Liköre herzustellen. Als Erster wurde 1989 der Pepino Peach angeboten. Dieser leichte, fruchtige und doch kräftige Likör lag voll im Trend, da er sich zum Mischen mit Sekt oder Fruchtsäften bestens eignete. Etwas später folgten weitere Sorten, von denen sich Birne und Himbeere erfolgreich behaupten konnten.

Weitere Produkte
Aus dem selben Hause kommen Pepino Birne, Pepino Himbeer, Aalborg Akvavit in verschiedenen Qualitäten, Malteserkreuz Aquavit, Danzka Wodka, der Bitter Gammel Dansk Bitter Dram und der berühmte Heering Cherry Liqueur (s. S. 142).

My Favourite Peach

5 cl Pepino Peach
4 cl Ananassaft
3 cl Zitronensaft
3 cl Mangonektar
1 cl Grenadine
Im Shaker mit Eiswürfeln
kräftig schütteln und in ein
Longdrinkglas auf Eiswürfel
abgießen.

Die Firma Danish Distillers in Kopenhagen hat sich mit ihrem Pepino Peach den sonnigen Süden ins Haus geholt.

Empfehlungen
Pepino Peach ist eine ideale Basis für leichte, intensiv fruchtig-frische Drinks.
Er wird wie folgt verwendet:
◈ gekühlt im Likörglas
◈ on the rocks
◈ als Longdrink mit Eiswürfeln und Sekt, Fruchtsäften oder
  Tonic Water
◈ als Zutat beim Mixen leichter, erfrischender Aperitifs
  und Longdrinks

Wissenswertes

Gruppe	Pfirsichlikör
Geschmacksrichtung	leicht, fruchtig-frisch, aromatisch, verhalten süß
Zusammensetzung	Pfirsichextrakte, Alkohol, Zucker, natürliche Aromen
Herstellungsort	Kopenhagen/Dänemark
Jahresabsatz	nicht bekannt
Inhaber	Danish Distillers, Kopenhagen, Tochtergesellschaft der V&S Vin & Spirit AB/Schweden
Alkoholgehalt	15 % vol
Preisklasse	15 DM

*C*assis

die fruchtige Spezialität aus Burgund

Was man heute als selbstverständlich ansieht, war vor nicht allzu vielen Jahren oft noch ein Problem. So entsprach der französische Cassis mit seinem niedrigen Alkoholgehalt nicht den deutschen Begriffsbestimmungen. 1978 wurde beim Europäischen Gerichtshof ein Musterprozess geführt, der mit dem berühmt gewordenen Cassisurteil endete. Sinngemäß lautete dieses, dass jedes in einem EU-Land nach den Gesetzen des Landes rechtmäßig hergestellte Produkt zur Einführung zugelassen werden müsse, auch wenn es nicht den Vorschriften des einführenden Landes entspreche. Rund 20 Jahre später führte dies auch zur Aufhebung des Importverbots für Bier, das nicht nach dem deutschen Reinheitsgebot gebraut wurde. Mit dieser Entscheidung war der Weg frei für den niedrigprozentigen Cassislikör mit viel Aroma und wenig Alkohol. Er musste nicht mehr auf 25 % vol verstärkt werden, sondern konnte in Originalstärke mit 16 bis 20 % vol angeboten werden.

Der Ursprung

Cassis ist der französische Name für die schwarze Johannisbeere und den daraus hergestellten Likör. Sie ist neben dem Wein die zweite große trinkbare Spezialität Burgunds. Die wertvollsten Sorten heißen Noir de Bourgogne und Royal de Naple. Hochwertiger Cassislikör ist ein naturreines Produkt und besteht nur aus Alkohol, Johannisbeeren und Zucker. Ein Kriterium für die Beurteilung der Qualität des Cassis' ist die Fruchtkonzentration im Likör. Je höher der Fruchtanteil, desto hochwertiger ist das Produkt. Die meisten Cassismarken haben einen Fruchtanteil von 300 bis 400 Gramm pro Liter, und nur ausgesprochene Spitzensorten weisen eine höher liegende Konzentration auf.

Beim Pflücken der schwarzen Johannisbeere ist Fingerspitzengefühl angesagt.

Die Herstellung

Zu seiner Herstellung mazerieren die zuvor zerkleinerten Beeren für etwa zwei Monate in Alkohol. Die daraus abgepresste Flüssigkeit wird dann mit Alkohol, Wasser und Zucker zu Likör verarbeitet. Trägt ein Cassis die Bezeich-

In der Pâtisserie ist Cassis schon lange einer der bevorzugten Fruchtliköre. Aber auch pur wird er gern getrunken.

nung Cassis de Dijon oder andere Hinweise auf eine Herkunft aus dieser Region, dann muss er auch die Voraussetzungen erfüllen, da diese Bezeichnung geschützt ist. Der Zusatz Crème de ... bedeutet (nur) beim Cassis, dass mindestens 400 Gramm Invertzucker (ein in der Spirituosenherstellung verwendeter, aufbereiteter Zucker) pro Liter dem Getränk zugesetzt sind. Da weder Konservierungsstoffe noch Farbstoffe verwendet werden, ist Cassis empfindlich gegen Licht und Sauerstoff. Er sollte deshalb kühl, dunkel und gut verschlossen aufbewahrt werden.

Die Verwendung

Cassis wird bevorzugt für die burgundische Spezialität Kir und Kir Royal verwendet. Der Name geht zurück auf den Domherrn Félix Kir, der nach dem Zweiten Weltkrieg Bürgermeister von Dijon war. Er mischte Cassis mit kühlem trockenem Weißwein aus Burgund und schuf so diesen berühmten Drink. Mit trockenem Sekt oder Champagner gemischt, heißt dieser feine Aperitif Kir Royal. Darüber hinaus eignet sich Cassis ausgezeichnet zum Mixen, pur trinkt man ihn gekühlt im Likörglas.

Die Frucht bestimmt die Qualität. Je mehr Frucht, desto besser der Likör.

Supercassis
Védrenne

Im Zentrum Burgunds, in Nuits-Saint-Georges, hat das Haus Védrenne seinen Sitz. Das Unternehmen wurde direkt nach dem Ersten Weltkrieg im Jahre 1919 gegründet und ist als zweitgrößter Fruchtlikörproduzent unumstrittener Marktführer bei den hochwertigen Produkten. Von Crème de Cassis oder Fruchtlikören bis zu traditionellen oder ursprünglichen Likören, von Fruchtsirupen bis hin zu Marcs oder Fine de Bourgogne bietet Védrenne nahezu 200 Produkte in Spitzenqualität an.

Die Marke

Cassis der Spitzenklasse wird ausschließlich aus Beeren edelster Qualität hergestellt, und die Kriterien für die Bewertung sind die verwendete Sorte und die Fruchtkonzentration im Likör.

Für den Védrenne-Supercassis wird ausschließlich die Spitzensorte Noir de Bourgogne mit einem Anteil von 500 Gramm pro Liter Likör verwendet. Bestätigt wurde die Spitzenqualität dieses Ausnahmecassis mit einer begehrten Trophäe: der Goldmedaille für den besten Likör des Jahres bei der International Challenge Spirits im Jahre 1998 in London.

Weitere Produkte

Außer dem Supercassis bietet das Unternehmen Védrenne in Deutschland in der Reihe Les Royales einen weiteren Supercassis mit 20 % vol sowie einen Crème de Framboise (Himbeere), einen Crème de Fraise des Bois (Walderdbeere) und außerdem einen Crème de Mure Murelle (Brombeere) an.

Diese fruchtigen und wohlschmeckenden Liköre haben einen Alkoholgehalt von 18 % vol. Kein Likör, aber ein Spitzenprodukt der Destillierkunst ist der Eau de Vie de Marc de Hospices de Beaune (mit Jahrgang). Dieser edle Tresterbrand aus Chardonnay ist die berühmteste Spirituose Burgunds.

Kir Royal

1 cl Cassis
10 cl Champagner Brut
Cassis in einen Champagnerkelch geben und mit kaltem
Champagner auffüllen.

Cassis Lady

3 cl Crème de Cassis
1 1/2 cl Kirschwasser
1 1/2 cl Noilly Prat
Die Zutaten im Rührglas mit
Eiswürfeln gut vermischen und
in ein Cocktailglas abgießen.

Empfehlungen
*Védrenne Supercassis ist der perfekte Cassislikör und das Flaggschiff
unter den Védrenne-Likören.*
Er wird wie folgt verwendet:

◆ gekühlt im Likörglas
◆ on the rocks
◆ als Kir oder Kir Royal mit trockenem Weißwein oder
  Sekt/Champagner
◆ zum Mixen von Cocktails und Longdrinks
◆ für Eiscreme, Süßspeisen und in der Pâtisserie

 # Wissenswertes

Gruppe	Cassis/Johannisbeerlikör
Geschmacksrichtung	süß, vollfruchtig, sehr aromatisch
Zusammensetzung	schwarze Johannisbeeren, Alkohol, Zucker
Herstellungsort	Nuits-Saint-Georges, Burgund/Frankreich
Jahresabsatz	nicht bekannt
Inhaber	Védrenne S.A.
Alkoholgehalt	20 % vol
Preisklasse	18–20 DM

Cassissée
L'Heritier Guyot

Im Herzen der Bourgogne, in der Côte d'Or, liegen die großen eigenen Weinberge und Obstplantagen des Hauses L'Heritier Guyot. Seit vielen Jahren zählt das im Jahre 1845 gegründete Unternehmen zu den bedeutenden und berühmten Spezialisten der französischen Likörherstellung. Das Haus L'Heritier Guyot ist der größte Cassisproduzent und -exporteur Frankreichs.

Die Marke

In Vougeot, inmitten der Plantagen, befinden sich die Betriebsgebäude, in denen die schwarzen Johannisbeeren gleich nach der Ernte verarbeitet werden. Für den Crème de Cassis Cassissée werden ausschließlich die besonders aromatischen und hochwertigen Beerensorten Noir de Bourgogne (über 80 % Anteil) und Royal de Naple verwendet. Der Fruchtanteil beim Cassissée beträgt über 350 Gramm pro Liter.

Weitere Produkte

Dem Cassissée steht mit dem Guyot Super Crème de Cassis de Dijon eine Spitzenqualität zur Seite. Auch dieser wird ausschließlich aus der Spitzensorte Noir de Bourgogne hergestellt und weist einen noch höheren Fruchtanteil auf als der Cassissée: über 450 Gramm pro Liter. Sein Alkoholgehalt beträgt 20 % vol.

Eine weitere berühmte Spezialität des Hauses L'Heritier Guyot ist der Crème de Framboise. Dieser wird ebenfalls aus Früchten der eigenen Plantagen unter höchsten Qualitätsansprüchen hergestellt. Framboise wird zurzeit nicht auf dem deutschen Markt angeboten.

Neben den beiden Hauptmarken gibt es eine Reihe weiterer Liköre. Darunter alle klassischen Likörarten sowie Guignolet (ein spezieller Kirschlikör) und Verveine (Eisenkraut). Auch Sirupe werden in großer Sortenvielfalt produziert.

Pink Sling

2 cl Crème de Cassis
4 cl Gin
1 cl Grenadine
2 cl Zitronensaft
10 cl Ananassaft
Im Shaker mit Eiswürfeln
kräftig schütteln und in ein
Longdrinkglas auf Eiswürfel
abgießen.

In einer französischen Brasserie einen Cassissée genießen, hm!
Entweder gekühlt im Likörglas, auf Eis oder als Kir Royal.

Empfehlungen
*Cassis von Guyot ist von höchster Qualität und bietet reinen
Fruchtgenuss.*
Er wird wie folgt verwendet:
◆ gekühlt im Likörglas
◆ on the rocks
◆ als Kir oder Kir Royal mit trockenem Weißwein oder
  Sekt/Champagner
◆ zum Mixen von Cocktails und Longdrinks
◆ für Eiscreme, Süßspeisen und in der Pâtisserie

 *Wissenswertes*

Gruppe	Cassis/Johannisbeerlikör
Geschmacksrichtung	süß, vollfruchtig, sehr aromatisch
Zusammensetzung	schwarze Johannisbeeren, Alkohol, Zucker
Herstellungsort	Dijon, Burgund/Frankreich
Jahresabsatz	nicht bekannt
Inhaber	L'Heritier Guyot
Alkoholgehalt	Cassissée 16 % vol, Super Crème de Cassis de Dijon 20 % vol
Preisklasse	Cassissée 15 DM, Super Crème de Cassis de Dijon 18–20 DM

Kokos- und Nusslikör

Nuss für Nuss ein feiner Genuss

Die Liköre aus der tropischen Kokosnuss unterscheiden sich von den Mandel-, Walnuss- oder Haselnusslikören in vielfacher Hinsicht. Während die Liköre aus dem kleinfrüchtigen Schalenobst in Europa altbekannt sind, bereichern die Exoten aus der Kokosnuss erst seit rund zwanzig Jahren das Angebot bei uns.

Der Ursprung

In Mittel- und Südeuropa sind Nussliköre seit langer Zeit bekannt, und einige Marken haben Weltruf. Hauptsächlich in Italien wurde die Herstellung von Likören aus Mandeln, Hasel- und Walnüssen perfektioniert, und speziell der Mandellikör Amaretto hat sich international durchgesetzt. Die größte Marke, der Disaronno Originale, ist der weltweit meistverkaufte italienische Likör und die fünftgrößte internationale Likörmarke. Ein Klassiker und auch heute noch sehr bekannt ist der französische Noisette. Dieser goldgelbe, aber klare Haselnusslikör wird von allen großen Sortimentsproduzenten hergestellt, und der Noisette von Marie Brizard ist die bekannteste Marke. Von Marie Brizard wird bei San Sebastían im spanischen Baskenland für Spanien ebenfalls ein Haselnusslikör hergestellt. Dieser »Avellana« ist in Farbe und Geschmack dem französischen Noisette sehr ähnlich und in Spanien weit verbreitet. Auch in Deutschland waren schon früh Hasel- und Walnussliköre bekannt. Sie spielten jedoch nur in der Hausbereitung, und da nur in geringem Umfang eine Rolle. Auch einer nennenswerten industriellen Produktion blieb der Erfolg versagt. Eine speziell in Deutschland beliebte Likörart, bei der die Haselnuss zum Zuge kam, ist der Kakao mit Nuss. Dieser wasserhelle oder auch braune Likör ist ein unter Mitverwendung von Haselnüssen hergestellter Kakaolikör. Dieser bei den Damen geschätzte Likör erlebte nach 1950 einen Aufschwung, verlor aber in den achtziger Jahren durch das Aufkommen der Amaretto-, Kaffee- und Creamliköre an Bedeutung. Aus der weltweit verbreiteten tropischen Kokosnuss entstehen ganz andere Liköre. Ihr Ursprung liegt im Coconut-Rum, für den Kokosextrakte und weißer Rum die Basis sind. Sie schmecken frisch,

Nussliköre bestehen zum einen aus Nussextrakten und zum anderen aus Früchten, Kräutern und Gewürzen.

Palmen, Strand und Meer sind der Stoff, aus dem die Träume sind: Die tropische Heimat der aromatischen Kokosnuss.

sind modern, und haben keinerlei geschmackliche Verbindung zu den ehrwürdigen europäischen Nusslikören. Batida de Côco wird erst seit 1978 bei uns angeboten, und der heute schon weltbekannte Malibu kam erst 1980 auf den Markt. Die beiden sind bei uns Marktführer, und der milchigtrübe Batida de Côco wie auch der wasserhelle Malibu sind beliebt zum Mixen exotischer Drinks.

Die Herstellung
Alle Nussliköre werden aus Destillaten oder Extrakten der Nüsse hergestellt. Dazu kommen aromatische Auszüge von Beeren, Früchten, Kräutern und Gewürzen sowie Alkohol, Zucker und Wasser. Die genaue Zusammensetzung ist natürlich immer das Geheimnis der Hersteller.

Die Verwendung
Liköre aus Hasel- und Walnüssen sowie der Amaretto sind beliebte Digestifs und werden gerne zum oder im Kaffee ge-

Aus dem Piemont/Italien stammen die Haselnüsse, die den Frangelico ergeben.

trunken. Sie eignen sich zum Mixen, zum Verfeinern von Eiscreme und zur Bereitung von Gebäck und Konditoreiwaren. Kokosliköre trinkt man gekühlt pur oder »on the rocks«. Allen gemeinsam ist der Kokosgeschmack und die gute Anpassung an Fruchtsäfte. Als Mixliköre sind sie schon längst etabliert, und ihre Verwendungsmöglichkeiten liegen hauptsächlich in der Zubereitung exotischer Longdrinks.

Batida de Côco
Mangaroca

B atidas nennen die Brasilianer ihre erfrischenden Mixdrinks. Mit den exotischen Früchten des Landes werden fruchtig-frische Drinks in unzähligen Varianten gemixt. Die wichtigste Zutat ist dabei der brasilianische Zuckerrohr-schnaps Cachaça. Cachaça (sprich: Kaschassa) wird in seiner Heimat in unzähligen Marken an-geboten. Man schätzt, dass insgesamt jährlich über zwei Milliarden Liter hergestellt werden. Damit wäre der Cachaça gleichauf mit Wodka (von dem es auch keine genauen Zahlen gibt) die meistgetrunkene Spirituose der Welt. Im Gegensatz zum Rum, der aus Melasse herge-stellt wird, ist Cachaça ein Destillat aus fri-schem grünem Zuckerrohr. Cachaça sollte man keinesfalls mit Rum vergleichen. Beide sind zwar aus Zuckerrohr, trotzdem aber völlig unterschiedlich.

Die Marke

Einer der berühmtesten Drinks ist der Bat-ida de Côco. Dieser wird in Deutschland und anderen europäischen Ländern als Fer-tigprodukt angeboten. In Brasilien steht hin-ter dem Namen der Cachaçaproduzent Mangaroca, der von der italienischen Spiri-tuosenfirma Buton den Batida de Côco auf der Basis von Kokosnuss und Milch herstel-len lässt. Mit Batida de Côco stand ab 1978 in Deutschland erstmals ein Likör auf Ko-kosnussbasis zur Verfügung. Weit über 50 Millionen Flaschen wurden seither bei uns verkauft – ein Zeichen für die Beliebtheit dieses Getränks. Mit nur 16 % vol ist Batida de Côco eine ideale Basis für schnell ge-mixte Longdrinks mit Fruchtsäften und dem beliebten Kokosgeschmack.

Weitere Produkte

Vom selben Unternehmen waren früher auch Batida de Café und Batida de Menta Cacau erhältlich. Diese werden seit einiger Zeit nicht mehr angeboten, dafür aber das

Hauptprodukt des Unternehmens, der Cachaça Mangaroca.

Cococabana

4 cl Batida de Côco
2 cl Cachaça
1 cl Rose's Lime Juice
6 cl Ananassaft
Im Shaker mit Eiswürfeln
kräftig schütteln und in
ein Longdrinkglas auf
Eiswürfel abgießen.

Green Poison

2 cl Batida de Côco
2 cl Curaçao Blue
4 cl Tequila
2 cl Zitronensaft
10 cl Maracujanektar
Im Shaker mit Eiswürfeln
kräftig schütteln und in ein
Longdrinkglas auf Eiswürfel
abgießen.

Empfehlungen
Batida de Côco ist erfrischend mit viel Kokosgeschmack und wenig Alkohol.
Er wird wie folgt verwendet:
◆ gut gekühlt im kleinen Becherglas
◆ on the rocks
◆ als Longdrink mit Eiswürfeln und Milch oder Fruchtsäften
◆ zum Mixen von fruchtigen Drinks mit Kokosgeschmack

 ## *Wissenswertes*

Gruppe	Kokoslikör
Geschmacksrichtung	mild süß, intensiv nach Kokosnuss
Zusammensetzung	Kokosextrakt, Milch, Alkohol, Zucker, Aromastoffe
Herstellungsort	Bologna/Italien
Jahresabsatz	in Deutschland über 2,5 Mio. Flaschen
Inhaber	Mangaroca, Brasilien
Alkoholgehalt	16 % vol
Preisklasse	13–15 DM

Malibu
Rum with Coconut

Eine der großen Erfolgsgeschichten hat der Malibu zu bieten. Seit seiner Markteinführung im Jahre 1980 hat dieser klare Kokosnusslikör alles überrundet, was nach Kokosnuss schmeckt. In seiner Gruppe ist er die unbestrittene Nummer eins, und unter den Likören der Welt die viertgrößte Marke.

Die Marke

Dem damaligen Spirituosenmulti International Distillers & Vintners gelang 1974 mit der Entwicklung des Baileys Irish Cream die große Überraschung auf dem Likörmarkt. Sechs Jahre später traf man mit dem Malibu nochmals ins Schwarze. Die Zeit war reif für einen klaren Kokoslikör auf der Basis von Rum und mit niedrigem Alkoholgehalt. Zwar startete man mit 28 % vol, senkte diesen aber in zwei Schritten erst auf 24 % vol und dann auf die heutigen 21 % vol. Es gab in den USA zwar schon Kokosliköre, doch diese waren bis dahin international wenig präsent gewesen. Man kann sagen, dass Malibu genau den richtigen Geschmack traf. Um 1980 wurden Bars populär – und damit auch Mixgetränke. Malibu vermittelte ein neues Aroma und lag genau im Trend. Mit der großen Anpassungsfähigkeit an andere Spirituosen und Liköre und vor allem an Fruchtsäfte war der Erfolg des Malibu wie vorgezeichnet.

Weitere Produkte

Der heutige Besitzer, der Spirituosenmulti United Distillers & Vintners, führt in seinem Portfolio die Likörmarken Baileys (s. S. 194), Pimm's (s. S. 110), Sheridan's (s. S. 114) und den Exotic Liqueur Safari. Dieser goldgelbe fruchtige Likör (20 % vol) wird in den Niederlanden auf der Basis exotischer Früchte hergestellt. Zum Unternehmen gehören einige Marken, die in ihrem Segment die meistverkauften sind. Dies ist Baileys bei den Likören, Cuervo beim Tequila, Gordon's beim Gin, Smirnoff beim Wodka und Johnnie Walker beim Scotch Whisky. Außer den genannten gehören weitere weltbekannte

Marken zum Unternehmen sowie fast die Hälfte der schottischen Brennereien.

Cocoskiss

4 cl Malibu
2 cl weißer Rum
1 cl Maracujasirup
6 cl Orangensaft
6 cl Ananassaft

Im Shaker mit Eiswürfeln kräftig schütteln und in ein Longdrinkglas auf Eiswürfel abgießen.

Die Palmen tropischer Länder liefern das saftige und exotisch schmeckende Fruchtfleisch der Kokosnuss.

Empfehlungen

Malibu ist unglaublich vielseitig und geht mit seinem fruchtigen Aroma eine ideale Verbindung mit Fruchtsäften ein.

Er wird wie folgt verwendet:

◆ on the rocks
◆ als Longdrink mit Eiswürfeln und Fruchtsäften
◆ zum Mixen von Drinks jeder Art und besonders für fruchtige Longdrinks

Wissenswertes

Gruppe	Coconut Rum Liqueur
Geschmacksrichtung	mild, süß, intensiv nach Kokosnuss
Zusammensetzung	Rum, Kokosextrakte, Kokosaroma, Zucker
Herstellungsort	Großbritannien
Jahresabsatz	23 Mio. Flaschen
Inhaber	Twelve Island Shipping Ltd./Barbados, eine Tochtergesellschaft der United Distillers & Vintners
Alkoholgehalt	21 % vol
Preisklasse	18–20 DM

Koko Kanu
Coconut Rum

Coconut Rum ist die beliebteste Spielart unter den aromatisierten Rums. Viele Produzenten bieten Rumvarianten mit Banane, Mango, Passionsfrucht, Pfirsich oder Spices (Gewürze) an. Doch die Verbindung von Rum und Cocos ist unschlagbar.

Die Marke

Die J. Wray & Nephew Ltd. in Kingston/Jamaica ist einer der größten Rumproduzenten der Insel. Außer der Rummarke Appleton stellt das Unternehmen über eine Tochterfirma auch den Koko Kanu her. Diese legendäre Kombination aus Rum und Cocos wird als einzige große Marke in Deutschland angeboten. Von den Ureinwohnern der Insel, den Arawak, haben sich einige Worte der Sprache, darunter Hammock und Canoe, erhalten. Aus diesen entstand der Name Koko Kanu (Hammock steht für Cocos und Canoe für Kanu).

Koko Kanu ist ein interessanter Mixlikör, da er sich für exotische Drinks ausgezeichnet eignet. Aufgrund seines relativ hohen Alkoholgehalts lassen sich beim Mixen fruchtiger Longdrinks die Anteile weiterer Spirituosen reduzieren. Koko Kanu ist sehr anpassungsfähig und passt zu Fruchtsäften, vielen Likören, anderen Spirituosen und am besten natürlich zu Rum.

Weitere Produkte

Die Geschichte der traditionsreichen Rumfirma J. Wray & Nephew begann 1825. In jenem Jahr eröffnete John Wray in Kingston eine Schänke und verkaufte dort seinen selbst gebrannten Rum. Heute kann das Unternehmen auf eine 175-jährige Geschichte zurückblicken.

Die Firma betreibt eine der größten und modernsten Brennereien der Karibik, und ihr Appletonrum ist in über 60 Ländern der Erde zu finden. Die bekanntesten Sorten sind der White, Dark und Gold. Außerdem gibt es den Estate V/X, einen alten braunen Rum, den zwölf Jahre alten »Extra« und den 21 Years Old. Außerdem einen in der Karibik zwar weit verbreiteten, außerhalb aber selten angebotenen weißen »Overproof« Rum mit 62,8 % vol Ori-

ginalstärke. Alle diese Sorten sind in Deutschland zu
haben.

Fluffy Coconut

4 cl Koko Kanu Liqueur
1 cl Grenadine
2 cl Sahne
8 cl Orangensaft
8 cl Ananassaft
Im Shaker mit Eiswürfeln
kräftig schütteln und in
ein Longdrinkglas auf
Eiswürfel abgießen.

Koko Kanu Colada

4 cl Koko Kanu Liqueur
2 cl Appleton White Rum
2 cl Cream of Coconut
2 cl Sahne
10 cl Ananassaft
Im Shaker mit Eiswürfeln
kräftig schütteln und in ein
Longdrinkglas auf crushed ice
abgießen.

Empfehlungen

*Der wasserhelle Koko Kanu hat einen ausgeprägten Kokos-Rum-
Geschmack und ist ein idealer Mixlikör für fruchtige Longdrinks.
Er wird wie folgt verwendet:*

◆ on the rocks
◆ als Longdrink mit Eiswürfeln und Fruchtsäften
◆ zum Mixen von Cocktails und fruchtigen Longdrinks

 Wissenswertes

Gruppe	Coconut Rum Liqueur
Geschmacksrichtung	leicht süß, intensiv nach Kokos
Zusammensetzung	Rum und natürliches Kokosaroma, Zucker
Herstellungsort	Kingston/Jamaica
Jahresabsatz	nicht bekannt
Inhaber	eine Tochterfirma von J. Wray & Nephew in Jamaica
Alkoholgehalt	37,5 % vol
Preisklasse	25 DM

Disaronno Originale
Amaretto

Obwohl der Amaretto, ein Mandellikör, einer der bekanntesten Liköre Italiens ist, wurde er erst zu Beginn der achtziger Jahre bei uns richtig entdeckt. Wegbereiter des Erfolgs war der berühmte Klassiker Disaronno Originale. Er ist der weltweit meistverkaufte italienische Likör und die fünftgrößte internationale Likörmarke. Mittlerweile ist der Amaretto auch bei uns sehr populär und im Sortiment jeder Bar integriert.

Die Marke

Um die Entstehung vieler Liköre ranken sich unterhaltsame Legenden, und viele Unternehmen pflegen diese uralten Geschichten. Der Legende nach schmückte im Jahre 1525 der Maler Bernardino Luini in Saronno bei Mailand die örtliche Wallfahrtskirche mit Fresken. Ein schönes Mädchen, das ihm Modell für seine Madonna saß, beschenkte ihn mit einem süßen Likör und überließ ihm das Rezept. Soweit die Geschichte. Im späten 18. Jahrhundert begannen die Erben, die in Saronno ansässige Apothekerfamilie Reina, mit der Verwertung der alten Niederschrift. Zu dieser Zeit wurden vielerlei Liköre für den Hausgebrauch aus Früchten und auch Nüssen bereitet.

Der erste in großem Umfang hergestellte Mandellikör war jener nach dem legendenumwachsenen Rezept der Familie Reina. Disaronno Originale unterscheidet sich von den zahlreichen Amaretti dadurch, dass ihm Aprikosenkernöl zugesetzt wird. Dazu kommen Alkohol, gebrannter Zucker und die Aromen von 17 Kräutern und Früchten. Die raffinierte Kombination aromatischer Süße mit feinen Bitterkomponenten machte Disaronno in der ganzen Welt berühmt und zur mit weitem Abstand führenden Marke in diesem Segment.

Saronno

3 cl Disaronno
3 cl Cognac
3 cl Sahne
Im Shaker mit Eiswürfeln
kräftig schütteln und in eine
Cocktailschale abgießen.

Splash

4 cl Disaronno
Orangensaft
Alle Zutaten im Shaker mit
Eiswürfeln kräftig schütteln.

Empfehlungen

*Disaronno Originale Amaretto ist unverwechselbar aromatisch süß und
besitzt eine leichte Bitternote.*
Er wird wie folgt verwendet:
◆ pur im Likörglas
◆ on the rocks
◆ zum Kaffee oder mit Kaffee
◆ zum Mixen von Cocktails und Longdrinks

 ## *Wissenswertes*

Gruppe	Amaretto, Mandellikör
Geschmacksrichtung	aromatisch süß mit Bitternote
Zusammensetzung	Mandelextrakt, Aprikosenkernöl, Alkohol, Zucker, Aromen von 17 Kräutern und Früchten
Herstellungsort	Saronno bei Mailand/Italien
Jahresabsatz	über 20 Mio. Flaschen
Inhaber	ILLVA, Saronno
Alkoholgehalt	28 % vol
Preisklasse	22–25 DM

Frangelico
Haselnuss-Liqueur

Haselnüsse aus dem Piemont sind die Grundlage dieser Spezialität, von der es weltweit kein vergleichbares Produkt gibt. Frangelico ist in über 50 Ländern erhältlich, und außerhalb Italiens sind die USA die Hauptabnehmer.

Die Marke

Schon vor hunderten von Jahren wurden Liköre für den Hausgebrauch bereitet. Oft war die Suche nach einem Heilmittel die Ursache, sicher auch der Gedanke an die Konservierung und vielleicht auch nur der Genuss. Viele der Rezepturen gerieten nach und nach in Vergessenheit, doch manche wurden aufgrund ihrer gelungenen Komposition oder durch den Ruhm des Erfinders überliefert. Alle heute bekannten alten Liköre haben diesen Hintergrund. Nicht anders ist es beim Frangelico. Seinen Namen und sein Rezept verdankt er dem Bruder Frangelico, einem Mönch, der vor 300 Jahren im Piemont gelebt hatte. Er erfand oder überlieferte das bis heute geheime Rezept des nach ihm benannten Likörs.

Frangelico besteht aus Haselnüssen, Beeren und Früchten. Die alte Rezeptur wurde von der Firma Barbero übernommen, die den Frangelico-Haselnusslikör seither mit großem Erfolg herstellt. Das 1891 gegründete Unternehmen Barbero in Canale/Piemont ist einer der bedeutendsten Wein- und Spirituosenproduzenten Italiens und Frangelico die größte Likörspezialität des Hauses.

Weitere Produkte

In Deutschland wird vom Hause Barbero außerdem Grappa und Sambuca angeboten.

Pink Squirrel

3 cl Frangelico
1 cl Crème de Cacao weiß
3 cl Sahne
Im Shaker mit Eiswürfeln
kräftig schütteln und in ein
Cocktailglas abgießen.

Optimale klimatische Bedingungen sorgen im Piemont für eine
reiche Ernte. Haselnüsse reifen hier ebenso hervorragend wie
andere Früchte.

Empfehlungen

Frangelico ist feinfruchtig, dezent süß und herrlich nussig.
Er wird wie folgt verwendet:

◆ pur im Likörglas
◆ on the rocks
◆ zum Kaffee oder mit Kaffee
◆ zum Mixen von Cocktails und Longdrinks

 Wissenswertes

Gruppe	Nusslikör, Haselnusslikör
Geschmacksrichtung	dezent süß, feinfruchtig mit ausgeprägtem Nussgeschmack
Zusammensetzung	Haselnüsse, Beeren- und Fruchtextrakte, Alkohol, Zucker
Herstellungsort	Canale, Piemont/Italien
Jahresabsatz	etwa 6 Mio. Flaschen
Inhaber	Barbero S. p. A., Canale
Alkoholgehalt	24 % vol
Preisklasse	25 DM

Nocello
Toschi

Wie viele Liköre hat auch der Nocello eine alte Geschichte. Diese ist auf jeder Verpackung zu finden und weist darauf hin, wie edel der Walnussbaum und seine Früchte sind. Der Text: Während des Mittelalters war es gemäß einer alten Tradition üblich, bei der Geburt einer Tochter einen Walnussbaum zu pflanzen. Wenn diese heiratete, wurde der Baum gefällt und als Ausdruck der Glückseligkeit und des Wohlstands daraus ihr Ehebett gefertigt. Aus den Nüssen wurde damals wie heute ein edles Elixier bereitet: der Nocello, ein charakteristischer Likör, der die Tische der Prinzen und Könige ziert.

Die Marke

Die Destillerie Toschi wurde 1945 in Savignano in der Nähe von Modena von den Brüdern Giancarlo und Sanfranco Toschi gegründet. Ihre »geistvolle« Idee war es, Kirschen in Alkohol einzulegen, um diese das ganze Jahr zur Verfügung zu haben. Über die Jahre weitete sich das Angebot aus, und heute werden neben den in Likören und Spirituosen eingelegten Früchten auch Liköre und Sirupe in vielen Sorten hergestellt. Eine der Hauptmarken des Unternehmens ist der Nocello.

Dieser Walnusslikör ist die größte Marke ihrer Art und wird in über 45 Länder exportiert. Toschi Nocello ist kraftvoll und schmeckt deutlich nach Walnüssen.

Ein nettes Anhängsel gibt es zusätzlich. An jeder Flasche hängt nämlich ein zweiter Verschluss, der aus einer echten Walnuss und einem angeklebten Korken gefertigt wird.

Weitere Produkte

Außer Nocello gibt es von Toschi in Deutschland nur den Fragolino – Liquore con Fragolino di Bosco, ein Erdbeerlikör mit eingelegten Walderdbeeren (s. S. 120).

Yellow Nut

4 cl Nocello
2 cl Wodka
6 cl Orangensaft
6 cl Ananassaft
Im Shaker mit Eiswürfeln
kräftig schütteln und in
ein Longdrinkglas auf Eiswürfel abgießen.

Eine Ausnahme unter den Nusslikören ist der Nocello der Firma Toschi, der auf der Basis gereifter Walnüsse hergestellt wird.

Empfehlungen

Nocello schmeckt kraftvoll nach Walnuss, ist zart-süß und wegen seines milden Charakters sehr beliebt.

Er wird wie folgt verwendet:

◆ pur ungekühlt oder leicht gekühlt im Likörglas
◆ on the rocks
◆ zum Kaffee oder mit Kaffee
◆ zum Mixen aparter Cocktails und Longdrinks
◆ zu Eiscreme, zu Gebäck und in der Pâtisserie

Wissenswertes

Gruppe	Nusslikör, Walnusslikör
Geschmacksrichtung	zart-süß, mild und kräftig nach Walnuss schmeckend
Zusammensetzung	Walnüsse, Alkohol, Zucker,
Herstellungsort	Savignano sul Panaro, Modena/Italien
Jahresabsatz	nicht bekannt
Inhaber	Toschi Vignola S.r.L., Savignano
Alkoholgehalt	24 % vol
Preisklasse	25 DM

Kaffee- und Kakaolikör

die süßen Liköre aus bitteren Bohnen

Die Getränke aus den aromatischen Bohnen sind weltweit beliebt und bekannt. Ihre jederzeitige Verfügbarkeit veranlasst niemanden dazu, sich in Erinnerung zu bringen, dass Kaffee und Kakao einmal begehrte und rare Luxusartikel waren. Außer zum direkten Trinkgenuss sind beide wichtige Komponenten bei der Süßwaren- und Likörherstellung.

Der Ursprung

Kaffeelikör: Grundlage des Kaffeelikörs sind die Kaffeebohnen, die in den rotfleischigen Früchten des Kaffeestrauches wachsen. Kaffee wird heute hauptsächlich in Süd- und Mittelamerika, aber auch in Afrika und Indonesien angebaut. Seine Heimat liegt in Ostafrika, im heutigen Äthiopien. Von da gelangte er in den Orient und die Türkei, und schließlich im 17. Jahrhundert auch nach Europa. Schon bald wurden in vielen Städten Kaffeehäuser eröffnet, und in Deutschland soll es 1679 das erste in Hamburg gegeben haben. Bald konnte die Nachfrage nicht mehr gedeckt werden, und man suchte neue Anbaugebiete. Auf diese Weise gelangte der Kaffee nach Süd- und Mittelamerika, wo viele Regionen hervorragende klimatische Bedingungen boten. Der Weg vom Kaffee zum Likör war nicht weit, und außer den großen Marken entwickelten sich viele Kaffeeliköre, die jedoch keine internationale Verbreitung fanden. Der deutsche Markt, besonders die Barszene, wird von Kahlúa und Tia Maria dominiert, und einheimische kleine Anbieter sind bedeutungslos.

Kakaolikör: Während der Kaffee von Europa nach Amerika kam, ist der Kakao amerikanischen Ursprungs und kam auf umgekehrtem Weg zu uns. »Xocoatl« (unsere spätere Schokolade) hieß das Getränk, das die spanischen Eroberer zu Beginn des 16. Jahrhunderts in Mexiko kennen lernten. Der Kakaobaum, von dessen aztekischen Namen »Cacahuatl« der Kakao abstammt, wird außer in Süd- und Mittelamerika heute auch in den tropischen Gebieten Afrikas und Asiens angebaut. Handelsschiffe aller Nationen brachten die vorher unbekannten Früchte, Gewürze und auch den Kakao nach Europa. Hier war die Likörbereitung schon weit fortgeschritten, und der Kakao war eine willkommene Bereicherung zur Entwicklung neuer Liköre. Besonders Destillerien wie Bols, de Kuyper und Marie Brizard, die in Hafenstädten ansässig waren und dadurch Zugang zum Gewürzhandel

Vanille und Zimt sind Bestandteile der Kaffeeliköre.

Der tropische Kakaobaum hat schwer zu tragen. Seine dicken Bohnen, aus denen später der Kakao gewonnen wird, hängen reif in den Ästen.

hatten, dürften die ersten Hersteller im größeren Umfang gewesen sein. Während sich bei den Kaffeelikören erst im 20. Jahrhundert große Einzelmarken entwickelten, war der Kakaolikör seit jeher ein Produkt der großen Likörsortimentsproduzenten.

Die Herstellung

Kaffeelikör: Frisch gerösteter und anschließend gemahlener Kaffee ist die Basis. Dieser wird perkoliert, d. h. ständig mit Alkohol übergossen, um die Aromastoffe auszuziehen. Dazu kommen dann Gewürze wie Zimt und Vanille sowie weiterer Alkohol, Zucker und Wasser.

Kakaolikör: Während der braune Kakaolikör auch pur getrunken wird, ist der etwas süßere weiße fast ausschließlich den Mixgetränken vorbehalten. Der weiße, wasserklare ist meist ein reines Destillatserzeugnis, der braune meist eine Mischung von Mazerat und Destillat und unterscheidet sich vom weißen außer in der Farbe durch einen herberen, kräftigeren Kakaogeschmack. Kakaolikör wird aus Kakaobohnen, Zucker und Neutralalkohol hergestellt und eventuell mit Kirschwasser und Vanille abgerundet.

Die Verwendung

Die aromatischen und gehaltvollen Kaffeeliköre und der braune Kakaolikör werden gerne zum Kaffee oder mit Kaffee getrunken. Man trinkt sie »on the rocks«, mit Milch oder Fruchtsäften und verwendet sie zum Mixen und zu Desserts.

Kahlúa
Licor de Café

D as altertümliche Etikett ist einer genauen Betrachtung wert. Eingerahmt von einem im arabischen Stil erbauten Torbogen, ist eine in der Mittagshitze liegende orientalische Ansiedlung zu sehen. Dies weist auf Arabien als die Heimat des Kaffees hin. Die Verbindung zu Mexiko stellt der im Vordergrund sitzende Mexikaner her, der – behütet mit einem Sombrero – während der Mittagshitze Siesta hält.

Die Marke

Zwei trinkbare Spezialitäten aus Mexiko genießen Weltruf: Tequila und Kahlúa. Kahlúa ist die international größte Kaffeelikörmarke und nach Baileys die zweitgrößte Likörmarke der Welt. Hauptsitz der Kahlúa S.A. ist Mexiko City. Von dort werden Konzentrate an die internationalen Partner versandt, die dann den Kahlúa in Originalqualität fertig stellen, abfüllen und versenden. Besitzer von Kahlúa ist der Spirituosenmulti Allied Domecq, dem durch die Übernahme des kanadischen Konzerns Hiram Walker auch Kahlúa zufiel. Der Aufstieg des Kahlúa zur Weltmarke begann nach dem Ende der Prohibition (1933) in den USA. Großen Anteil am Erfolg hatte der einfache und dennoch geniale After-Dinner-Drink Black Russian. Obwohl man glaubte, dass es an dieser Mischung aus Wodka und Kaffeelikör nichts mehr zu verbessern gäbe, fand man doch noch das i-Tüpfelchen. Dieses war eine kleine Sahnehaube, die den Black Russian zum White Russian machte.

Seit 1963 gibt es Kahlúa in Deutschland, und aus kleinen Anfängen wuchs er zu einer der wichtigsten Likörmarken des Bar-Sortimentes. Dazu trug natürlich auch die in den siebziger Jahren beginnende Cocktailwelle ihren Teil bei. Alles an Kahlúa ist natürlich. Er besteht aus einem Extrakt, der ähnlich wie Filterkaffee gewonnen wird. Hierbei verwendet man jedoch Alkohol anstelle von Wasser. Dazu kommen weiterer Alkohol, Zucker, Wasser, Extrakte von Vanille und aromatischen Pflanzen.

Weitere Produkte
Kahlúa Cream – in Deutschland
jedoch nicht auf dem Markt.

White Russian

3 cl Wodka
3 cl Kahlúa
Sahne
Wodka und Kahlúa im Rührglas mit
Eiswürfeln gut verrühren und abgießen.
Etwas leicht geschlagene
Sahne als Haube darauf setzen.

Empfehlungen
*Der tiefbraune, fast schwarze Kahlúa schmeckt intensiv nach Kaffee und
bietet vielfältige Möglichkeiten.*
Er wird wie folgt verwendet:
- ungekühlt oder leicht gekühlt im Likörglas als Digestif
- on the rocks
- on the rocks mit Sahnehaube
- als Longdrink mit Milch oder Fruchtsäften
- zum Mixen von Cocktails und Drinks jeder Art
- zum Kaffee oder im Kaffee

Wissenswertes

Gruppe	Kaffeelikör
Geschmacksrichtung	süß, leichte Bitternote, hoch aromatisch
Zusammensetzung	Kaffeeextrakt, Alkohol, Zucker, Vanille, Pflanzenextrakte
Herstellungsort	Mexiko City und Fertigstellung durch internationale Partner
Jahresabsatz	37 Mio. Flaschen
Inhaber	Kahlúa S.A. Mexiko City, Tochtergesellschaft von Allied Domecq
Alkoholgehalt	26,5 % vol
Preisklasse	25 DM

Tia Maria
Jamaican Coffee Liqueur

Tia Maria ist neben dem mexikanischen Kahlúa der berühmteste Kaffeelikör und einer der führenden Liköre unter den internationalen Marken.

Die Marke

Tia Maria hat seinen Ursprung in Jamaika, wo das Grundrezept schon vor über 200 Jahren bekannt war. Bis ins 20. Jahrhundert wurde der Likör nur für den Hausgebrauch hergestellt. Ein Freund der Familie, Dr. Kenneth Leigh Evans, entwickelte daraus den heutigen Tia Maria und begann mit der Herstellung im größeren Umfang. Seit

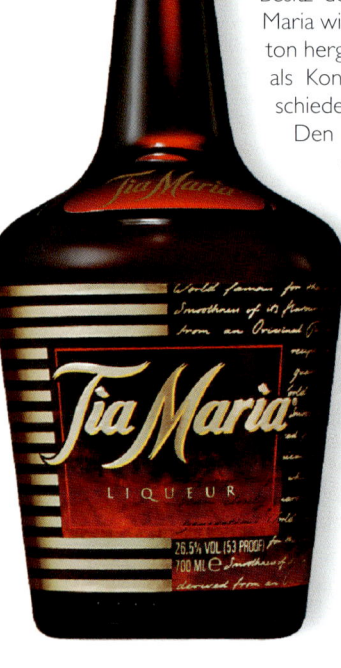

1947 wird Tia Maria angeboten, und heute ist die Marke nach dem Rum einer der bedeutendsten Exportartikel Jamaikas. Produzent ist die Estate Industries Limited in Kingston/Jamaika, die weithin sichtbar mit einer sieben Meter hohen Tia-Maria-Flasche auf einem der Gebäude den Weg weist. Wie auch das direkte Konkurrenzprodukt – der mexikanische Kahlúa – ist das Unternehmen im Besitz des Spirituosenmultis Allied Domecq. Tia Maria wird für die benachbarten Märkte in Kingston hergestellt, der Großteil der Produktion aber als Konzentrat zu sechs Abfüllanlagen in verschiedenen Erdteilen versandt.

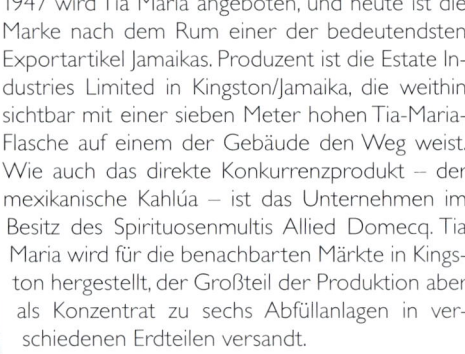

Den europäischen Markt versorgt eine Niederlassung in Dumbarton, nahe Glasgow/Schottland. Alle im Herstellungsprozess verwendeten Rohstoffe stammen aus Jamaika, und alles im Tia Maria ist natürlich.

Der wichtigste Bestandteil des Likörs ist der berühmte Blue Mountain Coffee der Insel. Aus diesem wird mit aus Zuckerrohr destilliertem Alkohol ein Extrakt gewonnen, das mit Pflanzenextrakten (Vanille, Kakao) abgerundet wird. Zur Fertigstellung kommen weiterer Alkohol, Zucker und Wasser hinzu.

Weitere Marken

Tia Maria Cream – in Deutschland jedoch nicht auf dem Markt.

Tia Banana

3 cl Tia Maria
1 cl Cognac, 1 cl Crème de Banane
4 cl Orangensaft, 8 cl Bananennektar
Im Shaker mit Eiswürfeln kräftig
schütteln und in ein Longdrinkglas
auf Eiswürfel abgießen.

Ein Schuss Tia Maria im Kaffee, darauf eine
Sahnehaube, und der Nachmittag ist gerettet.

Empfehlungen
*Tia Maria ist eine Spur heller und flüssiger als Kahlúa, schmeckt aber
ebenso intensiv nach Kaffee.*
Er wird wie folgt verwendet:
◆ ungekühlt oder leicht gekühlt im Likörglas als Digestif
◆ on the rocks
◆ on the rocks mit Sahnehaube
◆ als Longdrink mit Milch oder Fruchtsäften
◆ zum Mixen von Cocktails und Drinks jeder Art
◆ zum Kaffee oder im Kaffee

Wissenswertes

Gruppe	Kaffeelikör
Geschmacksrichtung	süß, leichte Bitternote, hocharomatisch
Zusammensetzung	Kaffeeextrakt, Zuckerrohralkohol, Zucker, Pflanzenextrakte (Vanille, Kakao)
Herstellungsort	Kingston/Jamaika und Fertigstellung durch internationale Partner
Jahresabsatz	über 10 Mio. Flaschen
Inhaber	Estate Industries Limited, Kingston/Jamaica, eine Tochtergesellschaft von Allied Domecq
Alkoholgehalt	26,5 % vol
Preisklasse	25 DM

Sangster's
Blue Mountain Coffee Liqueur

Von »World's End« kommen Liköre, die Kenner zu den besten der Welt zählen: die Old Jamaica Liqueurs von Sangster. World's End ist die Destillerie, die der Schotte Dr. Ian Sangster in den Blue Mountains, den Bergen Jamaikas, betreibt.

Die Marke

Die großen Marken des Sortiments sind der Blue Mountain Coffee Liqueur und der Wild Orange Liqueur. Ihre Besonderheit verdanken diese Likörspezialitäten Ingredienzen, die die Karibikinsel in höchster Vollendung hervorbringt: Kaffee, Orangen – und natürlich Rum. Der Kaffee von den Blauen Bergen Jamaikas gehört zu den begehrtesten und teuersten Provenienzen. Dr. Sangster bezieht die Bohnen für seinen Kaffeelikör aus der eigenen Plantage. Bitterorangen, die seinen Wild Orange Liqueur geschmacklich prägen, wachsen auf Jamaika wild, seit Christoph Kolumbus 1494 Orangenbäume aus Spanien auf die Insel brachte. Während hingegen die süßen Orangensorten bald auch in der Karibik populär wurden und in Plantagen angepflanzt werden, hielt man die bitteren Sevillaorangen einer Kultivierung nicht für würdig.

Die exotischen Inselfrüchte kombiniert Dr. Sangster so gekonnt mit fassgelagertem Rum, dass seinen Likören auf dem Internationale Spirituosenparkett höchste Ehrungen zuteil wurden. Dem Inhalt entspricht auch die Verpackung der Liköre. Der Kaffeelikör wird in schwarzen, handgefertigten Steingutdekantern angeboten, der Wild Orange kommt in einer Nachbildung eines aus dem 17. Jahrhundert stammenden Rumflakons auf den Markt. Das Original war bei der Ausgrabung der Piratenstadt Port Royal gefunden worden. Mit einem Zertifikat an der Flasche garantiert Dr. Sangster den Käufern seiner Liköre, dass es sich um historisch getreue Nachbildungen handelt.

Weitere Produkte

Mehrere Sorten Rum, Coconut Rum, Banana Rum, Passion Fruit Rum und Pimento (mittelamerikanischer Nelken-pfeffer) Rum. Sangster's Produkte sind in Europa nur schwer erhältlich. In Großbri-tannien kann man mit etwas Glück Sangs-ter's Liköre finden (Harrod's etc.). Bei einer Reise in die Karibik wird man sicher fündig werden und sollte unbedingt (aus-nahmsweise!) zum Schmuggler werden.

Genuss vor Ort. Sangster's Liköre sind in Europa nur schwer zu finden.

Empfehlungen

Alle Sangster's-Liköre sind Spitzenprodukte – aromatisch, intensiv und perfekt verarbeitet.

Sie werden wie folgt verwendet:

◆ leicht gekühlt als Digestif
◆ on the rocks
◆ als Longdrink mit Fruchtsäften

 *Wissenswertes*

Gruppe	Kaffeelikör, Orangenlikör
Geschmacksrichtung	Kaffeelikör: süß, mit leichter Bitternote
	Orangenlikör: süß, mit einer Spur Herbheit
Zusammensetzung	Kaffeelikör: Kaffeeextrakt, Rum, Zucker,
	Gewürzextrakte
	Orangenlikör: Orangendestillat, Rum, Zucker,
	Gewürzextrakte
Herstellungsort	World's End Destillerie in den Bergen Jamaikas
Jahresabsatz	nicht bekannt
Inhaber	Dr. Ian Sangster
Alkoholgehalt	beide 30 % vol
Preisklasse	in der Karibik, da ohne Branntweinsteuer,
	unter 10 US-$

Crème de Cacao
Bols

Das seit 1575 in Amsterdam tätige Unternehmen Bols ist einer der ältesten Namen in der Geschichte der Liköre und sicherlich die erste kommerziell betriebene Firma. In Amsterdam gegründet und bis heute unweit davon ansässig, blickt man bei Bols auf eine Historie zurück, die kein anderer Spirituosenproduzent aufweisen kann. Heute ist Bols nach dem ebenfalls niederländischen Unternehmen de Kuyper der zweitgrößte Likörsortimentsproduzent der Welt. Bols-Liköre und Spirituosen werden in über 110 Ländern der Erde angeboten, und speziell Deutschland ist seit jeher für Bols ein wichtiger Markt. Bereits 1890 hatte Bols seine erste ausländische Tochtergesellschaft in Emmerich am Niederrhein errichtet. Bis 1944 wurden dort Liköre und Spirituosen hergestellt. Nach dem Krieg begann Bols im Jahre 1946 in neuen Produktionsstätten in Neuss bei Düsseldorf.

Die Firma Bols war in den Nachkriegsjahren der einzige internationale Hersteller, der auch in Deutschland produzierte. Aufgrund der damals horrenden Preise für ausländische Produkte wäre ohne die Liköre von Bols das Mixen vieler weltbekannter Drinks lange Zeit illusorisch geblieben.

Die Marke

Seit wann bei Bols Kakaolikör hergestellt wird, ist nicht bekannt. Sicher ist jedoch, dass dieser Likörklassiker schon im 19. Jahrhundert fester Teil des Sortiments war. Bols Crème de Cacao wird als Brown und White angeboten, und nicht nur die Farbe unterscheidet diese beiden Likörsorten. Ausgangsbasis sind für beide Sorten geröstete Kakaobohnen. Für den braunen Likör wird eine Mischung aus Mazerat und Destillat, für den weißen nur Destillat verwendet. Beide sind als Crème leicht dickflüssig und süß, der braune etwas würziger. Beide sind ausgezeichnete

Mixliköre, und der braune wird auch gern pur getrunken.

Weitere Produkte
Weitere Bols-Sorten werden unter den jeweiligen Stichwörtern beschrieben.

Brandy Alexander

4 cl Cognac
2 cl Crème de Cacao braun
4–6 cl Sahne
Alle Zutaten im Shaker mit Eiswürfeln kräftig schütteln. Muskat darüber reiben.

Butterfly Flip

3 cl Crème de Cacao braun
2 cl Cognac
2 cl Sahne
1 Eigelb (frisch!)
Im Shaker mit Eiswürfeln kräftig schütteln und in ein Stielglas abgießen. Muskat darüber reiben.

Empfehlungen
Beide Sorten schmecken intensiv nach Kakao und sind beliebte Mixliköre.
Sie werden wie folgt verwendet:
◆ Crème de Cacao Brown pur im Likörglas
◆ beide zum Mixen
◆ beide zu Desserts und Süßspeisen

Wissenswertes

Gruppe	Kakaolikör
Geschmacksrichtung	beide süß, aromatisch, die braune Sorte stärker im Kakaogeschmack
Zusammensetzung	Kakaodestillat/-mazerat, Vanille, Alkohol, Zucker
Herstellungsort	Zoetermeer bei Amsterdam/Niederlande
Jahresabsatz	Gesamtsortiment weltweit ca. 18 Mio. Flaschen
Inhaber	Bols Royal Distilleries
Alkoholgehalt	beide Sorten 27 % vol
Preisklasse	16–18 DM

Schokoladen- und Creamlikör
die feinsüßen Schleckereien

Süßes in der feinsten Form, zusätzlich verbunden mit leichtem Alkoholgenuss, bieten die Schokoladen- und Creamliköre. Süße Liköre kennt man seit es Zucker gibt, doch wenn man es auch noch cremig haben wollte, dann endete die Suche meist beim Eierlikör. Erst vor rund zwanzig Jahren fanden die Schokoladenliköre auch bei uns ihre Liebhaber, und die damals neuartigen Sahneliköre eroberten den Markt.

Der Ursprung

Zum Teil schon zu Beginn des 20. Jahrhunderts produzierte man in den für ihre Schokolade bekannten Ländern auch Schokoladenliköre. Besonders in Holland und der Schweiz wurden neben den reinen Schokoladenlikören auch mit Pfefferminz oder Kirsch versetzte Marken angeboten. Auch in Großbritannien und den USA sind seit den fünfziger Jahren Schoko-Frucht-Liköre auf dem Markt. Obwohl Deutschland zu den großen »Schokoladen«-Ländern zählt, und die Schokolade unter den Süßigkeiten die führende Stellung einnimmt, entstand nie eine überregionale Marke. Ganz anders verhielt sich die Situation bei den Creamlikören. Diese hatte bis 1974 niemand, und ihr Erfolg überraschte Produzenten wie Verbraucher. Ausgangspunkt war der Baileys Irish Cream. Diese erfolgreiche Neuentwicklung kam 1979 in Deutschland auf den Markt und ihr folgten viele der danach entstandenen neuen Marken. Die Ersten davon ahmten den Baileys nach, und ein gewisser Trittbrettfahrereffekt konnte ihnen nicht abgesprochen werden. In der Folgezeit dienten vielerlei Spirituosen und Liköre als Grundlage für neue Entwicklungen. Es wurden zum Teil abenteuerliche Mischungen wie z. B. mit Grappa, Himbeergeist, Tequila oder Fernet entwickelt. Viele Sorten kamen und gingen, denn viele Produzenten wollten an dem unglaublichen Erfolg teilhaben. Heute ist der Markt wieder bereinigt, und hauptsächlich die auf Irish Whiskey beruhenden Sorten beherrschen den Markt.

Aromastoffe, wie Vanille, verfeinern den Geschmack des süßen Schokoladenlikörs.

Die Herstellung

Schokoladen- und Creamliköre zählen wie auch der Eierlikör zur Gruppe der Emulsionsliköre und müssen wie alle Liköre (Ausnahme Eierlikör mit 14 % vol)

Das Tête-à-tête am späten Nachmittag wird durch den Genuss eines Schokoladenlikörs im Kaffee erst richtig versüßt.

einen Mindestalkoholgehalt von 15 % vol aufweisen. Schokoladenliköre werden aus verflüssigtem Schokoladenpulver mit Alkohol, Wasser, Zucker und Aromastoffen wie z. B. Vanille hergestellt. Große Probleme bereitete früher den Produzenten die Vermischung und Konsistenz, und auch die Haltbarkeit war ein wichtiges Kriterium. Die ständig verbesserte Technik löste auch diese Fragen, und die Produkte aller Hersteller haben heute die genau richtige Dichte. Dieses Problem beschäftigte auch viele Jahre die »Erfinder« des Baileys. Dort wurde vier Jahre experimentiert, bis ein verwertbares Ergebnis entstand und ein Weg zur dauerhaften Verbindung des Alkohols mit der Sahne gefunden war. Generell sind alle Creamliköre eine Mischung aus der jeweils verwendeten Alkoholsorte mit Sahne. Dazu kommen Zucker, Wasser, Gewürzextrakte oder Aromastoffe. Allen gemeinsam ist die Auflage, dass der Sahneanteil mindestens 15 Prozent betragen muss, und diese nicht unter 10 Prozent Fettgehalt haben darf.

Die Verwendung
Schokoladen- und Creamliköre sollten (zumindest nach dem Öffnen) gekühlt aufbewahrt werden. Sie sind zum und im Kaffee ein unglaublicher Genuss. Vielfach werden sie zur Verfeinerung von Eiscreme und Süßspeisen verwendet, und auch beim Mixen finden sie Verwendung.

Mozart
Chocolade Liqueur

Die wunderschöne Stadt Salzburg und Mozarts geniale Musik bilden eine Symbiose, die immer bestehen wird. Fragt man nach einer weiteren Besonderheit der Stadt, so wird die Antwort meistens Mozartkugel lauten. Diese einmalige Kugelpraline aus Marzipan, Pistazien und Nougat wurde um die Jahrhundertwende von dem Salzburger Konditor Fürst kreiert und war das Vorbild für den Mozart Liqueur.

Die Marke
In Steinhagen/Westfalen begründete im Jahre 1873 Heinrich Christoph König mit seinem Steinhäger die Spirituosentradition der Familie. Nachkommen gründeten 1954 das gleichnamige Salzburger Unternehmen. 1981 entwickelte man den Mozart Liqueur, der heute Österreichs Exportlikör Nummer eins ist und in über 60 Ländern angeboten wird. Das geschmackliche und optische Vorbild war die berühmte Mozartkugel. Mozart Liqueur wird direkt aus Schokolade und weiteren ausschließlich natürlichen Zutaten hergestellt. Als alkoholische Basis wird eine firmeneigene Komposition aus fünf Edeldestillaten verwendet.

Weitere Produkte
Mozart Weisse Chocolade. Diese Kreation wurde 1997 vorgestellt und löste den bis dahin produzierten Crème Liqueur Capucine ab. Weisse Chocolade besteht aus ebendieser und aus Fruchtdestillaten. Abgefüllt wird sie in eine formgleiche Flasche, jedoch mit weißem Papier umwickelt und mit 15 % vol etwas geringerem Alkoholgehalt.

Zu den beiden Marken wird sich ab September 2000 eine Dritte gesellen. Geplant ist, wie zu hören war, die Mozart »Schwarze Chocolade«. Diese wird sich von den beiden vorhandenen dadurch unterscheiden, dass dafür Bitterschokolade verwendet werden soll. Mit dieser Sortimentserweiterung wird der Firma sicher Erfolg beschieden sein, denn ein Likör aus Bitterschokolade ist derzeit nicht auf dem deutschen Markt.

Kaffee Mozart

4 cl Mozart Liqueur
1 Tasse heißen Kaffee
Zu einer heißen Tasse
Kaffee den Mozart Liquer
geben und eine Sahne-
haube darauf setzen.

Der berühmte Komponist stand mit seinem Namen
Pate für den berühmten Salzburger Schokoladenlikör
»Mozart«.

Empfehlungen
*Beide Liköre sind intensiv schokoladig, mild, zart-cremig und zum Kaffee
ein Genuss.*
Sie werden wie folgt verwendet:
◆ zimmerwarm oder leicht gekühlt im Likörglas
◆ on the rocks
◆ zum Kaffee oder im Kaffee
◆ zum Mixen aparter Drinks

Wissenswertes

Gruppe	Schokoladenlikör
Geschmacksrichtung	mild, dezent süß und sehr schokoladig
Zusammensetzung	Schokolade, verschiedene Edeldestillate, Nuss- und Gewürzextrakte, Zucker
Herstellungsort	Salzburg/Österreich
Jahresabsatz	nicht bekannt
Inhaber	H.C. König Ges.m.b.H., Salzburg
Alkoholgehalt	17 % vol
Preisklasse	beide Sorten 20 DM für 0,5 l

Chocolat Royal
Marie Brizard

Marie Brizard ist einer der großen alten Namen, und sie war die große Dame in der Welt der Liköre. Ihren Ursprung hatte das heute weltbekannte Unternehmen in dem Anislikör Anisette, der seit 1755, dem Gründungsjahr, hergestellt wird. Seither wurden viele hundert Millionen Flaschen unterschiedlichster Liköre vom Hauptsitz des Unternehmens in Bordeaux in alle Welt versandt.

Die junge Marie Brizard (1714–1801) war Stiftsfräulein und in der Krankenpflege tätig. Von einem dankbaren Matrosen erhielt sie die Rezeptur eines heilsamen Elixiers – der Vorläufer des späteren Anisette. Den daraus entstandenen Anislikör verabreichte sie ihren Patienten, und diese fanden die Medizin äußerst wohlschmeckend. Die Nachfrage wuchs so sehr, dass Marie Brizard zusammen mit ihrem 23-jährigen Neffen Jean-Baptiste Roger die Firma gründete. Der geschäftliche Erfolg stellte sich rasch ein, ab 1762 wurde auch exportiert, und 1766 begann man mit der Herstellung weiterer Liköre. Als Marie Brizard im Alter von 87 Jahren starb, hinterließ sie ein angesehenes und weitbekanntes Unternehmen. Bis heute ist die Firma in der achten Generation im Besitz der direkten Nachfahren von Jean-Baptiste Roger und den Erben der Marie Brizard.

Die Marke

Eines der außergewöhnlichen Produkte von Marie Brizard ist der Chocolat Royal. Mehrere Jahre Entwicklungsarbeit waren für diesen edlen Likör notwendig, um die ausgewogene Balance in Geschmack und Konsistenz zu erreichen.

Seine hohe Qualität und auch sein Aroma verdankt dieser Likör Kakaobohnen aus Venezuela und von der Elfenbeinküste sowie der Beigabe von einem Hauch Madagaskarvanille. Aufgrund dieser exquisiten Kombination ist Chocolat Royal einer der berühmtesten Schokoladenliköre und zählt zu den Meisterwerken der Likörbereitung bei Marie Brizard.

Weitere Produkte

Von Marie Brizard gibt es außerdem zwei ausgezeichnete Kakaoliköre. Die dazu verwendeten Kakaofrüchte stammen ebenfalls aus Venezuela und von der Elfenbeinküste. Des Weiteren gibt es einen Liqueur de Café und den Haselnusslikör Noisette. Diese beiden werden in Deutschland nicht angeboten. Unter den Stichworten Anisette (s. S. 60), Peach (s. S. 150), Triple Sec (s. S. 104), Watermelon (s. S. 34) und Charleston Follies (s. S. 124) werden die weiteren Sorten beschrieben.

Marie Brizard lebte im 18. Jahrhundert und gründete mit ihrem Neffen das erfolgreiche Unternehmen Marie Brizard et Roger in Bordeaux.

Empfehlungen

Chocolate Royal ist trinkbare Schokolade mit duftigem Aroma und samtigem Geschmack.
Er wird wie folgt verwendet:
- ◆ zimmerwarm oder leicht gekühlt im Likörglas
- ◆ on the rocks
- ◆ zum Kaffee oder im Kaffee

 *Wissenswertes*

Gruppe	Schokoladenlikör
Geschmacksrichtung	mild, fein-süß, sehr schokoladig
Zusammensetzung	Kakaoextrakte, Vanille, Gewürze, Alkohol, Zucker
Herstellungsort	Bordeaux/Frankreich
Jahresabsatz	Gesamtsortiment weltweit ca. 14 Mio. Flaschen
Inhaber	Marie Brizard et Roger International, Bordeaux
Alkoholgehalt	18 % vol
Preisklasse	18–20 DM

Baileys
Original Irish Cream

Eine Erfolgsgeschichte ohne Beispiel hat Baileys aufzuweisen. Nie zuvor in der Likörgeschichte eroberte ein Getränk dermaßen rasant den Weltmarkt und den ersten Platz als meistverkaufte Likörmarke.

Die Marke

Der überwältigende Erfolg des Baileys lässt die Frage zu, ob die Zeit damals reif war für einen neuen Trend, oder ob die Marke den Trend erst schuf. Egal wie, der neuartige wohlschmeckende Baileys kam, sah und siegte. Ab 1970 tüftelte man bei einer zum damaligen Spirituosenmulti IDV (International Distillers & Vintners) gehörenden Dubliner Firma an der Rezeptur eines neuen Likörs. Seine Grundlage sollten irischer Whisky und Sahne sein. Fast vier Jahre vergingen, bis das Problem der Vermischung und Stabilisierung gelöst war und mit der industriellen Herstellung begonnen werden konnte. Was noch fehlte, war der Name. Dieser sollte irisch klingen und in allen wichtigen Sprachen leicht auszusprechen sein.

Man entdeckte im Dubliner Handelsregister die ruhende Firma Bailey und erwarb den Namen. 1975 erfolgte die Einführung in ganz Großbritannien und den Ländern Nordeuropas. Die Absatzzahlen der neuen Sorte waren verblüffend gut, und von 250 000 Flaschen im Jahre 1975 stieg der Absatz auf sieben Millionen 1978 und zwölf Millionen im Jahr darauf. Im September 1979 wurde Baileys gleichzeitig auf dem deutschen und dem US-Markt eingeführt. Seither weitete sich der Export in alle Winkel der Welt aus, und heute ist Baileys mit rund 54 Millionen Flaschen die meistverkaufte Likörmarke. Die zwei wichtigsten Komponenten von Baileys sind Irish Whisky und irische Sahne. Dazu kommen Vanille, Schokolade und natürliche Aromastoffe.

Weitere Produkte

Sheridan's Coffee Layered Liqueur (s. S. 114).

B 52

2 cl Kahlúa
2 cl Baileys
2 cl Grand Marnier
Die Liköre in einem
Schnapsglas in Schichten
aufeinander setzen, ohne
dass sie sich vermischen.

Hätte James Joyce den Baileys bereits gekannt,
der Schriftsteller hätte das Café Kylemore vielleicht noch öfter aufgesucht.

Empfehlungen
*Baileys Irish Cream ist vollmundig, aromatisch und trotz des geringen
Alkoholgehalts sehr gehaltvoll.*
Er wird wie folgt verwendet:
◆ leicht gekühlt im Likörglas
◆ on the rocks
◆ zum Kaffee oder mit Kaffee
◆ zum Mixen – aber nicht in Verbindung mit Zitrussäften

 *Wissenswertes*

Gruppe	Cream Liqueur
Geschmacksrichtung	mild-süß, cremig
Zusammensetzung	Irish Whiskey, Sahne, Vanille, Schokolade, Aromastoffe, Zucker
Herstellungsort	Dublin/Irland
Jahresabsatz	54 Mio. Flaschen
Inhaber	R&A Bailey & Co., Tochtergesellschaft der UDV (United Distillers & Vintners)
Alkoholgehalt	17 % vol
Preisklasse	22–25 DM

Carolans
Irish Cream

Carolans Irish Cream ist die Nummer zwei im Irish-Cream-Markt. Seinen Namen erhielt er von dem berühmten und sagenumwobenen irischen Komponisten Turlough O'Carolans, der im 17. Jahrhundert lebte.

Die Marke

Carolans stammt von demselben Unternehmen wie der legendäre Whiskylikör Irish Mist. Hersteller ist die TJ Carolan in Clonmel, County Tipperary, die über eine Tochtergesellschaft zum Spirituosenmulti Allied Domecq gehört. Seit dem Jahre 1979 wird Carolans angeboten, und die damals einsetzende Cream-Liqueur-Welle machte Carolans innerhalb weniger Jahre zu einer großen und gefragten Marke.

Während vielen ähnlichen Produkten der Erfolg versagt blieb, konnte sich Carolans durchsetzen und ist heute nach Baileys der erfolgreichste Cream Liqeuer. In über 60 Ländern ist Carolans erhältlich, und in Deutschland wird er seit 1988 angeboten. Carolans wird aus irischer Sahne, irischem Whisky und Getreidedestillaten sowie Klee- und Heidehonig hergestellt. Dazu kommen Zucker und Aromastoffe.

Weitere Produkte

Vom gleichen Konzern, dem Spirituosenmulti Allied Domecq, wird auch der legendäre irische Liqueur Irish Mist angeboten (s. S. 206). Irish Mist ist das kräftig-aromatische irische Pendant zu den schottischen Whisky-Honig-Likören.

Weitere in diesem Buch beschriebene Liköre von Allied Domecq sind die Kaffeeliköre Tia Maria (s. S. 182) und Kahlúa (s. S. 180). Des Weiteren gehören weltbekannte Spirituosenmarken wie Courvoisier, Ballantine's, Canadian Club, Beefeater, Sauza Tequila, Lemon Hart Rum und zudem die Sherryhäuser Harveys und Domecq zum Unternehmen.

Die satten Kühe auf Irlands saftigen Weiden liefern erste Sahne, wichtiger Bestandteil des Carolans.

Nutty Irishman

4 cl Carolans
4 cl Frangelico
Im Shaker mit Eiswürfeln kräftig schütteln und in ein kleines Stielglas abgießen.

Empfehlungen

Carolans Irish Cream ist vollmundig, aromatisch – ein klassischer Irish Cream mit Honignote
Er wird wie folgt verwendet:
◆ leicht gekühlt im Likörglas
◆ on the rocks
◆ zum Kaffee oder mit Kaffee, jedoch nicht zu heiß
◆ zum Mixen – aber nicht in Verbindung mit Zitrussäften

Wissenswertes

Gruppe	Cream Liqueur
Geschmacksrichtung	mild-süß, cremig
Zusammensetzung	Sahne, Irish Whiskey, Getreidedestillate, Honig, Zucker, Aromastoffe
Herstellungsort	Clonmel, County Tipperary/Irland
Jahresabsatz	geschätzt, weit über 10 Mio.
Inhaber	TJ Carolan & Son Ltd., eine Tochtergesellschaft von Allied Domecq
Alkoholgehalt	17 % vol
Preisklasse	16–18 DM

Amarula
Wild Fruit Cream

Die reifen Amarulafrüchte sind jedes Jahr ein Festessen für die Tierwelt in Afrika. Die Auswirkungen, die die angegorenen Marulas auf allerlei Vierbeiner haben, konnte man auf höchst vergnügliche Weise in dem berühmten Film »Die lustige Welt der Tiere« beobachten. Nach den Hauptnutznießern, den Elefanten, wird der Marulabaum auch Elefantenbaum genannt. Dieses Symboltier Afrikas ziert die Etiketten.

Die Marke

Der Wild Fruit Cream Liqueur Amarula wurde 1989 in Südafrika eingeführt und hat sich innerhalb kürzester Zeit zum Marktführer entwickelt. Hergestellt wird der Amarula von der Destillers Corporation, einer international operierenden Gruppe. Diese hat ihren Sitz in Stellenbosch bei Kapstadt und zählt zu den führenden Wein- und Spirituosenherstellern des Landes.

Der Marula ist ein für die südafrikanische Pflanzenwelt typischer wild wachsender Baum, der zigtausende von Früchten trägt. Die tropisch-herbe hellgelbe bei uns völlig unbekannte Marulafrucht ist pflaumengroß und hat, kaum mag man es glauben, den vierfachen Vitamin-C-Gehalt einer Orange. Zur Herstellung des Amarula wird aus den Früchten zunächst ein Obstbrand gewonnen. Dieser Marulabrand wird anschließend drei Jahre in Eichenholzfässern gelagert und dann mit Sahne verarbeitet.

Aufgrund dieses Destillats ist der Amarula Wild Fruit Cream Liqeuer absolut eigenständig. Während Baileys als Erster, und viele nachfolgende Marken irischen Whisky als Basis hatten, ist die Verarbeitung mit Obstbrand selten. Da Amarulas in Deutschland nicht zu kaufen sind, ist es auch schwer, den Geschmack zu beschreiben. Den Herstellern von Amarula ist es jedenfalls gelungen, eine Verbindung vom Fruchtlikör zum Creamlikör zu schaffen und diesem eine eigenständige Note zu geben.

Kilimanjaro

4 cl Amarula
2 cl Vodka
2 cl Triple Sec Curaçao
12 cl Orangensaft
Alle Zutaten im Shaker mit
Eiswürfeln kräftig schütteln.

African Queen

4 cl Amarula
4 cl Kirschsaft
4 cl Milch
Im Shaker mit Eiswürfeln
kräftig schütteln und in ein
kleines Stielglas abgießen.

Marula Paradise

4 cl Amarula
2 cl Bols Triple Sec
2 cl weißer Rum
2 cl Bols Grenadine
Im Shaker mit Eiswürfeln kräftig schütteln
und in ein kleines Stielglas abgießen.

Empfehlungen

Amarula schmeckt karamellig-fruchtig, exotisch und angenehm leicht.
Er wird wie folgt verarbeitet:
◆ ungekühlt oder leicht gekühlt im Likörglas
◆ on the rocks
◆ zum Kaffee oder im Kaffee
◆ zum Mixen – aber nicht in Verbindung mit Zitrussäften

Wissenswertes

Gruppe	Cream Liqueur
Geschmacksrichtung	mild-süß, exotisch, nach Karamell
Zusammensetzung	Marulabrand, Sahne, Zucker
Herstellungsort	Stellenbosch bei Kapstadt/Südafrika
Jahresabsatz	nicht bekannt
Inhaber	Destillers Corporation, Stellenbosch
Alkoholgehalt	17 % vol
Preisklasse	20 DM

Van der Hum
Cape Dutch Cream Liqueur

Tangerinen sind die aromatische und fruchtige Basis des Van der Hum. Diese bei uns wenig bekannte Unterart der Mandarinen, auch als Mandarinen-Orangen bezeichnet, hat ihren Ursprung in China und Japan und wird in großem Umfang in Südafrika angebaut.

Die Marke

Die südafrikanische KWV International wurde im August 1995 als Marketing Company gegründet. Sie ist Teil der KWV Holding und für den internationalen Handel und Vertrieb der Weine und Spirituosen der Gruppe zuständig. Die KWV, mit Sitz in La Concorde/Paarl, 60 Kilometer von Kapstadt entfernt, ist auch Hersteller des Van der Hum Cream Liqueur. In über 50 Länder, darunter auch in großem Umfang nach Deutschland, werden KWV-Weine exportiert. Außerdem produziert man in dem Unternehmen Brandy und den altehrwürdigen Van-der-Hum-Tangerinenlikör.

Im Jahre 1990 begann man mit der Entwicklung des Van der Hum Cream Liqueur und brachte ihn drei Jahre später auf den Markt. Die Zutaten dieses Likörs sind fünf Jahre gereifter Brandy, Weindestillat, Tangerinendestillat, Sahne, Zucker und diverse Kräuter- und Gewürzextrakte. Van der Hum ist der einzige Cream Liqueur auf Tangerinenbasis und, vielleicht nicht zuletzt deshalb, auf den internationalen Märkten zunehmend erfolgreich. Der Name Van der Hum stammt angeblich von einem holländischen Kapitän dieses Namens, der eine Vorliebe für den Urlikör hatte. Eine andere Version ist, dass er durch die auf Africaans oder Holländisch gestellte Frage nach dem Namen des Likörs entstand. Da der Erfinder unbekannt war, wurde diese von den Südafrikanern mit einem Schulterzucken und einem »Van Mr. H'mm« (von Mister Hmm …) beantwortet.

Weitere Produkte

Außer dem Cape Dutch Cream Liqueur wird in Deutschland von der KWV nur Wein angeboten, leider nicht der Tangerinenlikör.

Van der Hum Coffee

4 cl Van der Hum
1 Tasse heißen Kaffee
Zu einer Tasse heißen
Kaffee den Van der Hum
geben und eine Sahne-
haube darauf setzen.

Nur die reifen Früchte des Tangerinenbaums werden für die Weiterverarbeitung zum wohlschmeckenden Likör verwendet.

Empfehlungen

Van der Hum ist ein aparter Cream Liqueur mit Zitrusaroma und milder Gewürznote.
Er wird wie folgt verwendet:
◆ ungekühlt oder leicht gekühlt im Likörglas
◆ on the rocks
◆ zum Kaffee oder im Kaffee
◆ zum Mixen cremiger, mild-süßer Cocktails

Wissenswertes

Gruppe	Cream Liqueur
Geschmacksrichtung	mild-süß, samtig, mit Zitrusaroma und Gewürznote
Zusammensetzung	Brandy, Wein- und Tangerinendestillat, Sahne, Zucker, Kräuter- und Gewürzextrakte
Herstellungsort	Paarl bei Kapstadt/Südafrika
Jahresabsatz	nicht bekannt
Inhaber	KWV in Paarl/Kapstadt
Alkoholgehalt	17 % vol
Preisklasse	14–15 DM für 0,5 l

Whiskylikör
feine Whiskys mit milder Süße

Wo es Whisky gibt, ist auch der Whiskylikör nicht weit. Ihre Heimat haben sie in Schottland und Irland, wo schon vor Jahrhunderten die Nationalspirituosen mit Honig gesüßt und mit Heidekräutern versetzt wurden. Für viele Likörsorten stellt der Whisky die alkoholische Basis, doch keine Kombination erreicht den Wert und die Klasse der Whisky-Honig-Liköre.

Der Ursprung

Überall, wo Spirituosen hergestellt wurden, versuchte man auch, die oft rauen Brände zu entschärfen. Dazu verwendete man Süßungsmittel, Früchte, aromatische Kräuter und Gewürze. In allen Whisky produzierenden Ländern wurden auch Whiskyliköre hergestellt. Diese haben jedoch nicht nur unterschiedliche Whiskys zur Basis, sie sind auch in ihrer Zusammensetzung völlig unterschiedlich. Grob unterscheiden kann man sie in vier Gruppen. Die ursprüngliche, heute verfeinerte Form ist der schottische Wkisky-Honig-Likör, dessen älteste Marke der Drambuie ist. Auf dem Kontinent bekannt, aber heute schon fast unbedeutend, sind die mit Fruchtsäften hergestellten Liköre wie Kirsch mit Whisky bzw. Cherry Whisky. Liköre wie Southern Mist in den USA und der Yukon Jack in Kanada werden auf Whiskybasis hergestellt und mit Fruchtauszügen sowie Kräutern und Gewürzen aromatisiert. Weltbekannt ist in dieser Kategorie der Southern Comfort. Dessen Basis war früher Whiskey, heute besteht aber nur noch die Spezialmarke, der »Reserve«, aus Whiskey. Ähnlich den schottischen Whisky-Honig-Likören und ebenfalls international bekannt ist der Wild Turkey Liqueur der berühmten Bourbon Whiskey Distillery von Austin Nichols. Dieser wird leider zurzeit in Deutschland nicht angeboten. Irland ist bei den Whisky-Honig-Likören nur mit einer international bekannten Marke, dem Irish Mist vertreten. Die Insel war jedoch der Ausgangspunkt einer Likörrevolution ohne Beispiel, und Irish Whiskey war die Basis. Die Irish Cream Liqueure, und darunter Baileys als erste und heute größte Likörmarke überhaupt, begründeten ihren Weltruf auf der Verbindung von Whisky mit Sahne. Diese Likörart gibt es mittlerweile auch mit schottischem Whisky und vielen anderen Spirituosen (siehe Cream Liköre Seite 188/189). Alle diese Liköre haben

Für die Herstellung von Whisky wird Gerste benötigt.

Das karge Hochland und die rauen Küsten sind kennzeichnend für die schottische Landschaft, der Heimat der Whisky-Honig-Liköre.

Whisky als alkoholische Grundlage, und viele sind äußerst erfolgreich am Markt. Während die meisten dieser Kreationen relativ jung sind, gehen die Rezepturen der klassischen Whisky-Honig-Liköre weit zurück. Sie entstanden vor Jahrhunderten aus Whisky, Honig und Heidekräutern, und aus diesen Komponenten bestehen sie bis heute.

Die Herstellung

Die Zutaten wurden – wenn überhaupt – nur geringfügig geändert, und lediglich die Methoden der Herstellung wurden verbessert. Malt Whisky oder auch Grain Whisky, aromatische Kräuterauszüge und Honig werden benötigt. Allen gleich ist die charakteristische Süßung mit Honig, die jedoch nie das Whiskyaroma überdeckt. Die Unterschiede der einzelnen Marken sind gering und nur in der Auswahl der drei Komponenten zu finden.

Die Verwendung

Whisky-Honig-Liköre sind ungekühlt oder leicht gekühlt herrliche Digestifs. Man trinkt sie zum Kaffee und verwendet sie vielfach zum Mixen.

Drambuie
Prince Charles Edward's Liqueur

Eng miteinander verknüpft ist die reale Geschichte des schottischen Freiheitskampfs mit der Legende um die Entstehung des Drambuie. Diese berichtet, dass Bonnie Prince Charlie, der Thronanwärter Prince Charles Edward III. Stuart, das Rezept für diesen aromatischen Whisky-Likör einem Mitstreiter namens Mackinnon als Dank für die Rettung nach der verlorenen Schlacht schenkte.

Die Marke

Prince Charles Edward's Liqueur steht bis heute auf dem Etikett, aber auch The Isle of Skye Liqueur. Auf diese wild zerklüftete Insel flohen Mackinnon und der Prinz nach der verlorenen Schlacht von Culloden (nahe Inverness) im Jahre 1745. Während dieser Zwischenstation auf dem Weg nach Frankreich lernte Prinz Bonnie den Likör kennen. Im Laufe der Jahrzehnte bildete sich daraus die Legende, und die Familie Mackinnon hat dieser mit Sicherheit nicht widersprochen.

Wahrscheinlich ist, dass der Drambuie aus alten Hausrezepten entstanden ist. Diese waren der Ursprung für die später aus Whisky, Honig und aromatischen Kräutern geschaffenen Getränke. Der heutige Drambuie wird aus bis zu 17 Jahren altem Malt Whisky, Grain Whisky, Heidehonig der schottischen Highlands und aromatischen Kräutern hergestellt.

Sein Name stammt aus dem Gälischen und ist abgeleitet von »an dram buidheach« – »ein Trank, der zufrieden macht«. Über 150 Jahre wurde das Mackinnon-Rezept nur für den Hausgebrauch innerhalb der Familie verwendet. Im Jahr 1906 verließen die Nachfahren der Familie dann die Insel Skye und begannen in Edinburgh mit der kommerziellen Nutzung.

Nach kärglichen Anfangserfolgen kam 1916 mit der Aufnahme in das erlesene Sortiment des House of Lords der Durchbruch. Heute ist Drambuie die größte Likörmarke Großbritanniens und als einer der exquisitesten Liköre weltweit bekannt.

Rusty Nail

3 cl Scotch Whisky
3 cl Drambuie

In ein Shortdrinkglas einige
Eiswürfel geben und die Zutaten
dazugießen. Der Rusty Nail kann
auch ohne Eis im Cocktailglas
serviert werden, dann aber vorher
im Rührglas mit Eiswürfeln gut
verrühren.

Drambuie Sour

4 cl Drambuie
2 cl Zitronensaft
4 cl Orangensaft

Alle Zutaten im Shaker mit Eiswürfeln kräftig schütteln.

Empfehlungen

*Drambuie ist von mittlerer Süße, scotch-rauchig und hat eine feine
Kräuternote.*

Er wird wie folgt verwendet:

◆ leicht gekühlt im Schwenker als Digestif
◆ on the rocks
◆ mit Kaffee und einer Sahnehaube
◆ zum Mixen von Cocktails und Longdrinks

Wissenswertes

Gruppe	Whisky-Honig-Likör
Geschmacksrichtung	süß, scotch-rauchig, kräftig
Zusammensetzung	Malt und Grain Whiskys, Heidehonig, Kräuterauszüge
Herstellungsort	Edinburgh/Schottland
Jahresabsatz	nicht bekannt
Inhaber	Drambuie Liqueur Company
Alkoholgehalt	40 % vol
Preisklasse	35–40 DM

Irish Mist

Irish Mist (dt.: Nebel) ist das irische Gegenstück zu den schottischen Whisky-Honig-Likören. Im Nebel liegt auch die Geschichte dieses populären Likörs. Wie in Schottland findet sich der Ursprung in alten Hausrezepten aus Whisky, Honig und Kräutern. Wo Iren sind, ist Irish Whisky und Guinness und auch der Irish Mist nicht weit. Er ist in rund 100 Ländern der Erde zu finden und gilt als der irische Klassiker auf dem Likörmarkt.

Die Marke

Der Aufstieg von Irish Mist zur großen Marke begann um 1950. Bedingt durch den Zweiten Weltkrieg geriet die Whiskyproduktion in Schottland ins Stocken, und eine bekannte schottische Whiskylikörmarke, der Glen Mist, wurde deshalb in Irland produziert. Erst Jahre nach dem Krieg verlegte man die Produktion wieder zurück nach Schottland. Der zwischenzeitliche Hersteller des Glen Mist, die Whiskybrennerei Tullamore, war mittlerweile in den Besitz eines Rezepts gelangt, das dem legendären irischen Likör entsprach. Damit begann die moderne Geschichte des Irish Mist. Die Marke entwickelte sich prächtig und war äußerst erfolgreich. Ein weiteres Highlight schuf man 1979 mit der Einführung des Cream Liqueurs Carolans. Dieser ist heute nach Baileys der meistverkaufte Likör dieser Art.

Schon zu Beginn der ersten Hälfte des 20. Jahrhunderts hatte die irische Whiskyindustrie Probleme. Die Unabhängigkeit von England, die Prohibition in den USA und der Zweite Weltkrieg brachten die Produktion fast zum Erliegen. Auch Tullamore blieb davon leider nicht verschont, und es folgten mehrere Besitzerwechsel. Seit 1993 ist Tullamore mit seinen beiden Likören über ein Tochterunternehmen im Besitz des englischen Spirituosenmultis Allied Domecq. Zum Geheimnis um die Rezeptur des Irish Mist ist nur zu erfahren, dass eine ausgewogene Mischung von vier irischen Spirituosen, außergewöhnliche Honigarten und ein Dutzend Kräuter seinen Charakter bestimmen. Abgefüllt wird Irish Mist seit einigen Jahren in Karaffenflaschen im Design des irischen Waterfordkristalls.

Weitere Produkte
Der Irish Cream Liqueur Carolans (s. S. 196).

Irish Miss

3 cl Irish Mist
3 cl Irish Whisky
In ein Shortdrinkglas
einige Eiswürfel geben
und Whisky dazugießen.

Wie ein Bild aus vergangenen Tagen präsentiert sich die Heimat des Irish Mist. Sie hat ihren traditionellen Charme bis zum heutigen Tage bewahrt.

Empfehlungen
Irish Mist ist geheimnisvoll süß und aromatisch mit einer feinen Würznote.
Er wird wie folgt verwendet:
◆ ungekühlt oder leicht gekühlt im Schwenker als Digestif
◆ on the rocks
◆ mit Kaffee und einer Sahnehaube
◆ zum Mixen von Cocktails und Longdrinks

Wissenswertes

Gruppe	Whisky-Honig-Likör
Geschmacksrichtung	mittelsüß, würzig, kräftig, aromatisch
Zusammensetzung	Getreidedestillate, Honig, Kräuterauszüge
Herstellungsort	Tullamore/Irland
Jahresabsatz	nicht bekannt
Inhaber	Allied Domecq
Alkoholgehalt	35 % vol
Preisklasse	30 DM

Lochan Ora
Chivas Brothers Liqueur

Eine relativ junge Marke im Segment der Whisky-Honig-Liköre ist Lochan Ora. Sein Name ist gälischen Ursprungs und bedeutet Golden Loch (dt.: Goldsee). Das flüssige Gold ist unter den Whiskylikören eine der erfolgreichsten Marken.

Die Marke

Hersteller ist die weltbekannte, zum kanadischen Spirituosenmulti Seagram gehörende Whiskyfirma Chivas Brothers in Aberdeen/Schottland. Deren berühmter De-Luxe-Blend Chivas Regal ist mit jährlich rund 40 Millionen verkauften Flaschen die führende zwölfjährige Scotchmarke. Lochan Ora wurde 1968 vorgestellt und war – unterstützt durch die Erfahrung des hinter ihm stehenden Multis – in kurzer Zeit international bekannt. Doch Marketing und Power allein sind meist zu wenig. Der Erfolg beruht auf Qualität – und die ist unbestritten.

Weitere Produkte

Der Spirituosenmulti Seagram steht seit 1948 hinter Chivas Regal, und seither hat sich die Marke großes Ansehen erworben. Ein Highlight schuf man 1952 mit dem Royal Salute. Dieser Blended Scotch wurde in Anlehnung an die 21 Schuss Salut anlässlich der Krönung von Königin Elisabeth II. kreiert. Royal Salute ist einer der exquisitesten Blended Whiskys überhaupt. Er wird in drei verschiedenfarbigen Porzellandekantern und in Samtsäckchen verpackt angeboten.

Während Chivas die Scotchgeschäfte von Seagram betreute, stieg die Muttergesellschaft zu einem der größten Spirituosenhersteller auf. Schon seit jeher in Kanada und den USA im Whiskygeschäft mit starken Marken vertreten, nahmen die Aktivitäten nun weiter zu. Bis heute gehören Rummarken wie Myers's, Captain Morgan und Ronrico, Martell Cognac, Sandeman Sherry und Port, Gin, Tequila, Sekthäuser und vieles mehr zum Konzern. Erstaunlicherweise waren und sind wenige Liköre im Sortiment. Einige Jahre nach dem Lochan Ora kam der israelische Schokoladen-Orangen-Likör Sabra dazu, und diese beiden sind die einzigen Liköre mit internationaler Reputation.

The Caledonian

2 cl Lochan Ora
3 cl Scotch Whisky
1 cl Zitronensaft
4 cl Orangensaft
Bitter Lemon
Die Zutaten – ohne Bitter
Lemon – im Shaker mit Eiswürfeln kräftig schütteln und
in ein Longdrinkglas auf Eiswürfel abgießen. Mit Bitter
Lemon auffüllen.

Red Honey

3 cl Lochan Ora
2 cl Scotch Whisky
2 cl Zitronensaft
2 cl Orangensaft
1 cl Grenadine
Im Shaker mit Eiswürfeln kräftig
schütteln und in ein Sektglas
abgießen.

Empfehlungen

Lochan Ora ist feinsüß, duftet nach Scotch Whisky und Kräutern.
Er wird wie folgt verwendet:

◆ leicht gekühlt im Schwenker als Digestif
◆ on the rocks
◆ mit Kaffee und einer Sahnehaube
◆ zum Mixen von Cocktails und Longdrinks

Wissenswertes

Gruppe	Whisky-Honig-Likör
Geschmacksrichtung	feinsüß, mit Scotch- und Kräuternote
Zusammensetzung	Malt und Grain Whiskys, Heidehonig, Kräuterauszüge
Herstellungsort	Aberdeen/Schottland
Jahresabsatz	nicht bekannt
Inhaber	Chivas Brothers (Seagram), Aberdeen/Schottland
Alkoholgehalt	35 % vol
Preisklasse	35 DM

Glayva
Scotch Whisky Liqueur

G layva ist nach dem Drambuie die größte Likörmarke Schottlands und zählt auf den internationalen Märkten zu den bekanntesten Whisky-Honig-Likören.

Die Marke

Glayva ist relativ jung und dennoch schon eine alte Marke unter den zahlreichen Newcomern der letzten Jahre. Er wurde 1947 erstmals hergestellt und erfreut sich zunehmender internationaler Verbreitung. In Deutschland war er einige Jahre im Angebot, ist aber zurzeit nicht erhältlich. Sein Name ist vom gälischen »Gle'mhath« abgeleitet und bedeutet sinngemäß: sehr gut. Wie auch Drambuie, ist Glayva eine Komposition aus Malt und Grain Whisky mit Heidehonig und Kräutern, jedoch um Nuancen in Geschmack und Süße anders. Glayva ist im Besitz der Invergordon Distillers und gehört damit über die berühmte Scotchmarke Whyte & Mackay zu American Brands (Jim Beam).

Weitere Produkte

Glayva ist zwar nicht so wie Drambuie die einzige Marke einer Firma, sie ist aber doch ein Einzelkind unter vielen verschiedenen Whiskymarken innerhalb eines riesigen Konzerns. Das US-Unternehmen American Brands, bei dem Jim Beam für die Whiskygeschäfte zuständig ist, kam durch den Kauf der Whiskyfirma Whyte & Mackay auch in den Besitz von Glayva.

Dies berührte weder die Qualität noch den Erfolg des Likörs. Vielleicht war es sogar vorteilhaft, denn unter dem Dach eines Konzerns lässt es sich doch unbeschwerter arbeiten. Der Whiskylikörmarkt wurde bis zur Geburt von Glayva von Drambuie dominiert. Dies ist zwar bis heute nicht wesentlich anders, aber durch die ständig wachsende Beliebtheit der Whiskyliköre ist Platz für alle.

Highland Dream

4 cl Glayva
2 cl Scotch Whisky
6 cl Maracujanektar
Im Shaker mit Eiswürfeln
kräftig schütteln und in
einen Tumbler auf Eis-
würfel abgießen.

Der Zauber verwunschener Landschaften. Hier das nebelverhangene Kilchurn Castle am Loch Awe bei Strathclyde in Schottland.

Empfehlungen

Glayva ist feinsüß und duftet nach Scotch Whisky und Kräutern.
Er wird wie folgt verwendet:

◆ leicht gekühlt im Schwenker als Digestif
◆ on the rocks
◆ mit Kaffee und einer Sahnehaube
◆ zum Mixen von Cocktails und Longdrinks

Wissenswertes

Gruppe	Whisky-Honig-Likör
Geschmacksrichtung	feinsüß, mit Scotch- und Kräuternote
Zusammensetzung	Malt und Grain Whiskys, Heidehonig, Kräuterauszüge
Herstellungsort	Edinburgh/Schottland
Jahresabsatz	nicht bekannt
Inhaber	The Glayva Liqueur Company/American Brands
Alkoholgehalt	35 % vol
Preisklasse	35 DM

Zuidam
Honig-Whisky-Liqueur

Die Baarle International BV ist eine kleine Destillerie in Baarle/Nassau in den Niederlanden. Sie produziert eine Reihe von klassischen Likören sowie ausgefallene Likörspezialitäten, die in außergewöhnlichen Flaschen angeboten werden.

Die Marke
Baarle International BV ist ein Familienbetrieb mit alter Tradition. Fred van Zuidam, der das Destillateurhandwerk bei de Kuyper erlernte, produziert in seiner Destillerie nach seinen Rezepturen Genever, Spirituosen und vor allem Liköre in höchster Qualität. Diese werden in verschiedenen Serien in spektakulär gestalteten Flaschen angeboten. Zuidam Honig-Whisky-Liqeuer wird aus schottischem Highland Malt Whisky, Alkohol, selektierten Honigsorten sowie aus Extrakten und Destillaten von diversen Kräutern und Gewürzen hergestellt.

Weitere Produkte
Wie jede niederländische Destillerie, die auf sich hält, hat auch die Baarle International BV verschiedene Jenever im Programm. Bei Baarle gibt es Jonge und Oude Jenever sowie Bessen Jenever und einen Oud-Hollandsche Korenwijn.

Eine Ausnahmestellung nimmt die Destillerie jedoch wegen ihrer Sortenvielfalt und ihrer Flaschenausstattungen ein. Es gibt fast nichts, was diese Destillerie in bester Qualität nicht in die Flasche bringt.

Alle klassischen Liköre werden angeboten, aber auch Sorten, die man sonst lange suchen muss. Hier eine kleine Auswahl aus dem Sortiment: Cranberry-Cherry, Irish Coffee, Amandel-Speculaas, Fruits de Bois, Café au Cognac, Tropical Fruit, Kaneel, Pomme, Vanille, Limon, Marsepein und Heidelbeer-Kirsch. All diese Liköre werden in formschöne, elegante Flaschen abgefüllt. Leider ist zurzeit die Importfrage noch nicht geklärt, so dass der Bezug im Moment problematisch ist.

Noble Coffee

4 cl Zuidam
Honig-Whisky-Liqueur
1 Tasse heißen Kaffee
Zu einer Tasse heißen
Kaffee den Zuidam
Liqueur geben und eine
Sahnehaube darauf setzen.

Corcovado

2 cl Zuidam
Honig-Whisky-Liqueur
2 cl Curaçao Blue
2 cl weißer Tequila
klare Zitronenlimonade
Die Spirituosen in ein Longdrinkglas mit Eiswürfeln geben
und mit der Zitronenlimonade
auffüllen.

Empfehlungen

*Zuidam Honig-Whisky-Liqeuer ist ausgewogen süß, würzig-aromatisch
mit feiner Würznote*
Er wird wie folgt verwendet:
◆ ungekühlt oder leicht gekühlt im Schwenker als Digestif
◆ on the rocks
◆ als Longdrink mit Eiswürfeln und Bitter Lemon oder Fruchtsäften
◆ zum Mixen von Cocktails und Longdrinks

Wissenswertes

Gruppe	Honig-Whisky-Likör
Geschmacksrichtung	mittelsüß, würzig-aromatisch, kräftig
Zusammensetzung	Malt Whisky, Alkohol, Honig, Kräuter- und Gewürzextrakte
Herstellungsort	Baarle/Nassau in den Niederlanden
Jahresabsatz	nicht bekannt
Inhaber	Fred van Zuidam
Alkoholgehalt	40 % vol
Preisklasse	30–35 DM für 0,5 l

Gläser

Auch das Glas spielt beim Likörgenuss eine wichtige Rolle. Wie beim Wein oder Champagner unterstützt das Glas die Erwartung auf den folgenden Genuss. Man wird sicher auf Unverständnis stoßen, wenn man einen Grand Marnier in einem billigen Schnapsglas anbieten würde, und ebenso wäre ein Jägermeister im Schwenker ein Fauxpas. Die Likörgläser sollten nach mehreren Kriterien ausgewählt werden. Sie müssen ansprechend aussehen, dabei aber auch zweckmäßig und – besonders die in der Gastronomie verwendeten Gläser – auch wirtschaftlich sein.

Während im privaten Bereich gern dünne und oft auch übergroße Gläser verwendet werden, sollte im gewerblichen Bereich eher die Überlegung was Zweckmäßigkeit und Bruchsicherheit betrifft im Vordergrund stehen.

Die auf diesen Seiten abgebildeten Gläser reichen aus, um alle Liköre und auch viele Mixgetränke dieses Buches ansprechend zu präsentieren. Auf die hauptsächliche Verwendung der einzelnen Formen wird dabei jeweils hingewiesen.

Gläser für Liköre

Likörschale
Das klassische Glas, passend für fast alle Likörsorten. Für Fruchtliköre, edle Kräuterliköre, Whiskyliköre, Kaffee- und Schokoladenliköre und ideal für Eierlikör und Cream Liqueure.

Schwenker
Passend für edle Fruchtliköre, Klassiker wie Chartreuse und Bénédictine, Anisette, Grand Marnier und Cointreau, Mandarine Napoléon und Whiskyliköre.

Amaroglas
Diese mittelgroßen, stiellosen Gläser mit ihrem schweren Boden mit genügend Raum für ein bis zwei Eiswürfel sind die richtige Wahl für italienische und andere Bitter. Sie passen auch für Anisette und Sambuca.

Degustations- oder Kellermeisterglas
Dieses in der Form der Sherry Copita ähnliche Glas ist für alle Liköre einsetzbar, jedoch nicht für Eierlikör und Cream Liqueur.

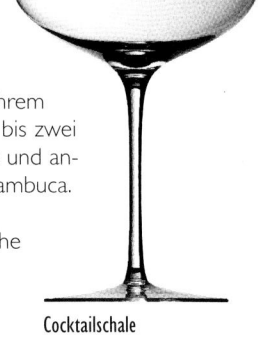

Cocktailschale

Von links nach rechts: Tumbler, Schwenker und Likörschale

Kleines Becherglas
Es ist verwendbar wie das Amaroglas und außerdem für Liköre, die mit etwas mehr Eis serviert werden.
Tumbler
Geeignet für »on the rocks«, also mit relativ viel Eis. Außerdem mit gestoßenem Eis als Frappé mit Crème de Menthe oder Anisette.
Schnapsglas
Für Bitterliköre und gekühlte Liköre wie Kümmel oder Becherovka.

Gläser für Mixgetränke

Cocktailglas
Für Cocktails mit wenig Volumen wie Rusty Nail oder Stinger.
Cocktailschale
Für Cocktails mit größerem Volumen.
Tumbler
Für Cocktails mit mittlerem Volumen, die auf Eis serviert werden.
Longdrinkglas
Für Longdrinks und Mixgetränke mit größerem Volumen.
Weinglas
Für Kir, ersatzweise auch an-
stelle der Cocktailschale.

Verschiedene Ausführungen von Stielgläsern

Champagnerkelch
Für Kir Royal und Champa-
gnercocktails, ersatzweise
auch anstelle der Cocktailschale.
Kleines Becherglas
Für Cocktails mit wenig Volumen wie Rusty Nail oder
Stinger auf Eis.

Barausrüstung und Mixtipps

Mixen ist weitaus einfacher, als man denkt, und der Aufwand an Geräten hält sich in Grenzen. Shaker, Rührglas und Barsieb sind das unbedingte Muss.

Shaker

Drei Modelle von Shakern sind auf dem Markt: der zweiteilige aus Silber, der dreiteilige aus Edelstahl mit im Mittelteil eingebautem Sieb und der Boston-Shaker, der aus einem kleineren Glasteil und einem größeren Edelstahlteil besteht.

Bei zwei- oder dreiteiligen Metallshakern wird das (größere) Unterteil gefüllt und das Oberteil nach innen eingesetzt. Nach dem Shaken wird aus dem Unterteil abgegossen.

Beim Boston-Shaker wird aus dem Unterteil abgegossen und das (kleinere) Unterteil aus Glas gefüllt. Dies kann bis zum oberen Rand geschehen, da das (größere) Metallteil übergestülpt wird. Nach dem Schütteln wird dann aus dem Metallteil abgegossen.

Rührglas
Dickwandiges großes Glas mit Ausgießschnabel zum Mischen von Cocktails mit klaren Zutaten, also im Ergebnis ungetrübten Drinks.

Barsieb (Strainer)
Das Spiralsieb passt auf fast jeden Shaker. Es dient zum Zurückhalten des Eises nach dem Shaken/Rühren.

Elektromixer
Für den Profi gibt es robuste Elektromixer mit starkem Motor. Für den Hobbymixer sind die heute in jeder Küche anzutreffenden Modelle ausreichend.

Barlöffel
Ein langstieliger Löffel zum Verrühren im Rührglas.

Barmesser
Am geeignetsten sind mittelgroße Sägemesser mit zwei Spitzen.

Eisschaufel oder Eiszange
Kleine Edelstahlschaufel oder - zange zum Aufnehmen von Eiswürfeln.

Holzstössel
Benötigt man zum Ausdrücken von Limetten oder Minze im Glas.

Messbecher
Im Handel erhältlich sind Modelle aus Metall, man kann aber auch einfache Schnapsgläser mit 2-cl- und 4-cl-Eichung benützten.

Schneidebrett
Zum Schneiden von Früchten verwendet man am besten ein passendes Kunststoffbrett.

Beim Schütteln gibt man zuerst Eiswürfel in das Unterteil des Shakers und die Zutaten dazu.

Dann wird der Shaker geschlossen und in waagerechter Haltung in Schulterhöhe kräftig geschüttelt.

Nach dem Absetzen wird der Shaker geöffnet und der Mix durch das Barsieb in das Trinkglas abgegossen.

Je nach Drink die richtige Zubereitung

Mixgetränke werden auf vier verschiedene Arten zubereitet: durch Schütteln im Shaker, Rühren im Rührglas, Anrichten im Trinkglas oder mit dem Elektromixer bzw. Blender.

Beim *Schütteln* füllt man den größeren Teil des Metallshakers oder den Glasteil des Boston-Shakers etwa zur Hälfte mit Eiswürfeln und gibt die Zutaten dazu. Dann wird der geschlossene Shaker in waagerechter Haltung kräftig geschüttelt, dann abgesetzt, geöffnet und zum Schluss das fertige Getränk durch ein Barsieb in ein vorbereitetes Glas abgegossen. Das Eis bleibt im Shaker zurück. Wird ein Drink auf Eiswürfeln angerichtet, dann verwendet man grundsätzlich frisches Eis. Zuletzt wird der Drink mit Früchten garniert.

Beim *Rühren* werden Eiswürfel und Zutaten in ein Rührglas gegeben und mit einem Barlöffel schnell, in einer Spirale von oben nach unten, verrührt. Durch das Barsieb wird in das Glas abgegossen.

Bei der Zubereitung im Elektromixer oder Blender gibt man das Eis und die Zutaten in den Mixeraufsatz oder Becher. Dann ersetzt die Maschine das Schütteln. Die Anwendung des Elektromixers sollte sich auf die Herstellung größerer Mengen oder auf Drinks beschränken, die Sahne, Milch, Speiseeis oder Cocoscream enthalten.

Für das *Anrichten im Trinkglas* gibt es keine festen Regeln, es ist je nach Drink verschieden.

Hersteller/Importeure
Wer hat was?

Fruchtlikör		Seite
Etter Williams	Segnitz	18
St. George Framboise	Schlumberger	20
Lantenhammer Mirabelle	Lantenhammer	22
Giffard Abricot	Giffard	24
Midori Melon	Schlumberger	26
Bailoni Marille	Borco	28
Passoã	Maxxium	30
De Kuyper Bananes	Borco	32
Marie Brizard Watermelon	Eggers & Franke	34
Bols Maracuja	Team Spirit	36
Lakka Lapponia	z. Z. nicht bekannt	38

Kräuter- und Gewürzlikör		Seite
Danziger Goldwasser	Gräflich von Hardenberg'sche	42
Chartreuse	Borco	44
Bénédictine DOM	Bacardi	46
Original Ettaler	Kloster Ettal	48
Bols Peppermint	Team Spirit	50
Sambuca Molinari	Bacardi	52
Escorial Grün	Team Spirit	54
Gilka Kaiser-Kümmel	Team Spirit	56
Hierbas Tunel	Henkel & Söhnlein	58
Anisette Marie Brizard	Eggers & Franke	60
Galliano	Maxxium	62
Arquebuse	Cherry Rocher	64
Strega	z. Z. nicht bekannt	66
Becherovka	PR Deutschland	68

Bitterlikör		Seite
Nonino Quintessentia	Schlumberger	72
Lantenhammer Spezialkräuter	Lantenhammer	74
Averna	Team Spirit	76
Ramazzotti	PR Deutschland	78
Fernet Branca	Borco	80
Jägermeister	Mast-Jägermeister	82
Cynar	Campari	84
Zwack Unicum	Team Spirit	86
China Martini	z. Z. nicht bekannt	88

Bezugsquellen

Adressen der Hersteller und Importeure

Baarle Zuidam BV
5110 AC Baarle Nassau
Holland
Tel. 0031 (0)13-5078470
Fax 0031 (0) 135079298

Bacardi GmbH
Spitalerstraße 16
20095 Hamburg
Tel. (040) 33950-0
Fax (040) 33950-214

**Firmengruppe
Bernard-Massard /EMG**
Jakobstraße 8
54202 Trier
Tel. (0651) 7196-0
Fax (0651) 7196-310

Borco-Marken Import
Winsbergring 14–22
22525 Hamburg
Tel. (040) 85316-0
Fax (040) 858500

**Campari
Deutschland GmbH**
Maximilianstr. 38/40
80539 München
Tel. (089) 21037-0
Fax (089) 21037-190

Cherry Rocher
Ruy-B.P. 488
F-38312 Bourgoin Cedex
Tel. 0033 (0) 474933810
Fax 0033 (0) 474284673

**Danish Distillers
Berlin Gmbh**
Hallerstr. 6
10587 Berlin
Tel. (030) 39927-0
Fax (030) 39927-299

Eggers & Franke GmbH
Töferbohm 8
28195 Bremen
Tel. (0421) 3053-0
Fax (0421) 3053110

Benediktiner-Abtei Ettal
Kaiser-Ludwig-Platz 1
82488 Kloster Ettal
Tel. (08822) 740
Fax (08822) 74228

Giffard
Avenue de la Violette BP 37
F-49241 Avrillé Cedex (Angers)
Tel. 0033 (0)241188504
Fax 0033 (0)241188505

**Gräflich von Hardenberg'sche
Kornbrennerei**
Postfach 1153
37171 Nörten-Hardenberg
Tel. (05503) 802-0
Fax (05503) 80255

**Henkell & Söhnlein
Sektkellereien AG**
Biebricher Allee 142
65187 Wiesbaden
Tel. (0611) 63-0
Fax (0611) 63-103

Jacobi Allied Domecq
Spirits & Wine
Grunbacher Straße 63
71384 Weinstadt
Tel. (07151) 607-0
Fax (07151) 607-100

Lantenhammer Destillerie
Bayrischzeller Straße 13
83727 Schliersee
Tel. (08026) 71037
Fax (08026) 71605

Mast-Jägermeister AG
Jägermeisterstraße 7–15
38302 Wolfenbüttel
Tel. (05331) 81-0
Fax (05331) 81-296

PR Deutschland
Groupe Pernod Ricard
Schloss-Strasse 18-20
56068 Koblenz
Tel. (0261) 3 90 09-0
Fax (0261) 3 90 09-39

Remy Deutschland GmbH
Söhnleinstraße 8
65201 Wiesbaden
Tel. (0611) 2 50-01
Fax (0611) 2 50-340

Alfred Schladerer
Alte Schwarzwälder
Hausbrennerei GmbH
Alfred-Schladerer-Platz 1
79219 Staufen/Breisgau
Tel. (07633) 832-0
Fax (07633) 832-88

Schlumberger KG
Buschstraße 20
53340 Meckenheim
Tel. (02225) 925-0
Fax (02225) 925-151

A. Segnitz & Co.
Löwenhof
28844 Weyhe
Tel. (04203) 8130-0
Fax (04203) 8130-99

Team Spirit
Internationale
Markengetränke GmbH
Hubert-Underberg-Allee 1
47495 Rheinberg
Tel. (02843) 9296-0
Fax (02843) 9296-391

UDV Deutschland GmbH
United Distillers & Vintners
Europastraße 10
65385 Rüdesheim
Tel. (06722) 12-0
Fax (06722) 12-442

Register
Cocktails von A–Z

Dank
Wir danken den beteiligten Spirituosenherstellern und -importeuren für die
freundliche Unterstützung.

Über den Autor
Schon seit über 20 Jahren zählt Franz Brandl zu den ganz Großen seines
Fachs. Als einer der wenigen ausgebildeten und geprüften Barmeister kann
er heute auf eine Karriere mit vielen prominenten Stationen zurückblicken.

Bildnachweis
Alle Fotos stammen von Reinhard Rohner in München mit Ausnahme von:
AKG, Berlin: 65, 127, 159 o. (N.N.), 81 (Paul Almasy), 191 (Erich Lessing);
Bacardi, Hamburg: 6, 8, 40, 47, 53, 113; Bilderberg, Hamburg: 179 (E. Grames);
Borco, Hamburg: 29, 197, 207; Campari, München: 13, 91, 93; Eggers &
Franke, Bremen: 12, 41o., 61, 71u., 101o., 101u., 105, 125, 140, 141u., 148,
151, 188, 193; EMG, Trier: 135, 165u.; Ettaler, Ettal: 49; Fotoarchiv, Essen: 43
(Peter Hirth); ghettyone Stone, München: 55 (Grant Taylor), 163 (Adrian
Neal), 164 (Luc Hautecoeur), 211 (John Lawrence); Henkell & Söhnlein,
Wiesbaden: 59, 167; Kerth Ulrich, München: 25, 119, 158; Laif, Köln: 73
(Hedda Eid), 85 (Manfred Linke), 115, 195 (Krinitz), 121, 149 (Celentano),
157 (Fulvio Zanettini), 185 (Trophoven), 201 (Andreas Hub); Lantenhammer,
Schliersee: 16, 17u., 23, 75; Marli, Finnland: 39; Mast-Jägermeister, Wolfenbüt-
tel: 15, 70, 71o., 83; New Eyes, Hamburg: 159 u. (Schmidt), 169 (Bavaria);
PR Deutschland, Koblenz: 11, 69, 79, 173; Remy, Wiesbaden: 31, 41u., 63, 90,
100, 108, 165o., 178, 179u., 189u., 202, 203; Schieren Bodo A., München: Titel;
Schladerer, Staufen/Breisgau: 17o., 141o., 145; Segnitz, Weyhe: 18; Südwest
Verlag, München: 4 (Dirk Albrecht), 131 (Schieren), 177 (Joachim Heller),
183, 189 (U. Kerth), Freisteller: 40, 45 (K. Newedel), 70 (Kempe), 140
(U. Kerth), 158 (Rees), 175 (Klaus Willenbrock), 178 (Sperl), 188 (N.N.), 202
(Matthias Tunger); Team Spirit, Rheinberg: 10, 216, 217, 57, 77, 87, 109, 139;
Wildlife, Hamburg: 89 (Harms); WMF, Geislingen/Steige: 214, 215, 216, 217

Impressum
© 2000 Südwest Verlag, München
in der Econ Ullstein List Verlag GmbH & Co. KG, München

Redaktion: Michael Schaeffer, Thomas Schulz
Projektleitung: Karin Stuhldreier
Redaktionsleitung: Dr. Reinhard Pietsch
Bildredaktion: Andreas Rimmelspacher / Tanja Nerger
Umschlag und Innenlayout: Andreas Rimmelspacher
DTP-Produktion: Andreas Rimmelspacher, Seehausen
Produktion: Produktion: Manfred Metzger (Leitung), Annette Aatz

Printed in Slovenia

Gedruckt auf chlor- und säurearmem Papier

ISBN 3-517-06289-8